# 关爱心灵，健康成长：
# 大学生心理健康问题研究

邱国成　著

中国水利水电出版社
www.waterpub.com.cn
·北京·

## 内 容 提 要

现代社会在给大学生提供了充分施展自我才能的舞台和多方面发展的机遇的同时,也给大学生带来了更大的心理压力,导致大学生出现了各种各样的心理健康问题,影响其身心的健康发展。

本书重点对大学生心理健康、大学生心理健康教育、大学生适应心理问题等内容进行了详尽的阐述,紧紧围绕当代大学生的身心发展、生活以及学习等方面的实际情况展开,重在帮助大学生正确认识、面对和解决自己遇到的心理健康问题。

## 图书在版编目(CIP)数据

关爱心灵,健康成长:大学生心理健康问题研究/
邱国成著.—北京:中国水利水电出版社,2018.10
　　ISBN 978-7-5170-7058-0

　　Ⅰ.①关…　Ⅱ.①邱…　Ⅲ.①大学生－心理健康－健
康教育－研究　Ⅳ.①G444

中国版本图书馆 CIP 数据核字(2018)第 246057 号

| 书　　名 | 关爱心灵,健康成长:大学生心理健康问题研究<br>GUANAI XINLING, JIANKANG CHENGZHANG: DAXUESHENG XINLI JIAN-KANG WENTI YANJIU |
|---|---|
| 作　　者 | 邱国成　著 |
| 出版发行 | 中国水利水电出版社<br>(北京市海淀区玉渊潭南路 1 号 D 座 100038)<br>网址:www.waterpub.com.cn<br>E-mail:sales@waterpub.com.cn<br>电话:(010)68367658(营销中心) |
| 经　　售 | 北京科水图书销售中心(零售)<br>电话:(010)88383994、63202643、68545874<br>全国各地新华书店和相关出版物销售网点 |
| 排　　版 | 北京亚吉飞数码科技有限公司 |
| 印　　刷 | 三河市华晨印务有限公司 |
| 规　　格 | 170mm×240mm　16 开本　15.5 印张　201 千字 |
| 版　　次 | 2019 年 3 月第 1 版　2019 年 3 月第 1 次印刷 |
| 印　　数 | 0001—2000 册 |
| 定　　价 | 74.00 元 |

# 前　　言

当今世界,科技突飞猛进,知识经济也日益成为推动社会发展的最重要因素。在此影响下,世界各国之间的综合国力竞争越来越取决于知识与科技。而知识的发展、科技的进步,都取决于人才素质的提高。因此,各个国家都极为重视对高素质人才的培养。由于大学生是高素质人才的重要来源,因而世界很多国家都积极推进高等教育改革,以期培养出高素质的大学生。

就我国来说,当前的高等教育已步入大众化阶段,大学生在校期间,不可避免地会面临各种各样的心理压力与冲突,涉及学习、恋爱、人际交往、就业等多个领域。对于大学生所面临的心理问题,如不能及时进行处理,很容易给大学生的心理健康带来不良影响,甚至可能导致大学生出现心理障碍。因此,必须高度重视大学生的心理健康问题。基于此,特撰写了《关爱心灵,健康成长:大学生心理健康问题研究》一书,以期帮助大学生形成健康的心理。

本书共包括八章内容,第一章为绪论,对健康、心理健康、大学生心理健康以及大学生心理健康教育的相关内容进行了具体阐述;第二章系统研究了大学生的适应心理问题;第三章对大学生的学习心理问题进行了详细分析;第四章深入探究了大学生的人际交往心理问题;第五章对大学生的网络心理问题进行了系统研究;第六章对大学生的恋爱心理问题进行了具体分析;第七章详细研究了大学生的情绪心理问题;第八章对大学生的就业心理问题进行了系统阐述。本书紧紧围绕当代大学生的身心发展、生活以及学习等方面的实际情况展开论述,具有很强的针对性和可操作性。此外,全书叙述脉络清楚,逻辑严谨,内容翔实,语言简明扼要。相信本书的出版,能够推动高校更好地开展大学生心理健康教育,并切实引导大学生正确认识、面对和解决自身心理发展遇到的问题。

本书在撰写的过程中,参考了大学生心理健康方面的相关著作,也对国内外大量的研究成果进行了参阅、吸收和采纳,由此获得了丰富的研究资源。在此,向这些学者致以诚挚的谢意。由于时间、水平与精力有限,本书难免存在一些不足之处,恳请广大读者批评指正。

作　者
2018 年 6 月

# 目　　录

# 第一章 绪 论

心理健康问题日益成为人们关注的焦点,人们越来越需要了解自己的心理状态、寻找解决心理困惑与问题的方法与途径。大学生正处于迅速走向成熟而又未真正成熟的阶段,这是一个充满矛盾与危机的时期。种种心理矛盾如果解决得好会转变为心理发展的动力;如果解决得不好,长期处于矛盾冲突中,就会破坏心理平衡从而引发心理问题。因此,对大学生进行心理健康教育是非常有必要的,本章将对健康与心理健康的内涵、大学生心理发展的阶段与特点、大学生心理健康的标准及影响因素、大学生心理健康教育的内涵进行系统的研究。

## 第一节 健康与心理健康的内涵

### 一、健康的内涵

(一)健康的定义

1. 基于生物医学视角的"健康"

在古代,人们对自身生命活动本质及规律的认识十分肤浅,加之医学落后,人们的认识常常受宗教桎梏、神灵医学的束缚,对健康的认识仅仅停留在没有疾病、能活着有生命的层面,认为没有疾病、有生命就近乎健康。在人们心目中健康常跟神灵联系在一起,认为健康是神灵的恩赐。随着社会的进步、生产力水平的提高,医学技术也得到不断发展,逐渐建立了以生物机体和机体的生物性为研究取向的生物医学模式。在这种模式下,健康概念的内涵有了新的发展:健康不再局限于没有疾病层面,而定位在"人体各器官系统发育良好,体质健壮,功能正常,精力充沛,具有良好的劳动效能状态,并通常能用人体测量、体格检查和各种生理生化指标来衡量"。生物医学模式促进了医学的发展,让人们对生物机体和各种致病因素的认识迈上了新高度,找到了许多预防和控制疾病的方法,大大提高了人类的总体健康水平。无疑,建立在人体生理功能基础上的纯生物医学模式下的健康观是一个巨大的进步,至今不论是对医学本身抑或健康学方面仍旧有广泛的影响。

### 2. 基于生物心理社会学视角的健康

尽管建立在生物医学模式下的健康概念内涵在原本"健康即无疾病"的认识基础上有大的突破,但是随着科学技术、医学本身和人类社会的发展,人们越来越意识到人类的活动远不止生理活动,更重要的是能够彰显人的本质属性的心理活动和社会活动。事实上,造成人产生疾病的因素不限于生物学方面,还有心理、社会方面的因素,比如长期的忧郁、焦虑、悲伤等不良情绪、强烈的精神创伤、紧张的快节奏生活、复杂不良的社会环境等都是某些疾病发生发展的重要原因,心脑血管病、肿瘤及至癌症一定程度上都跟心理社会因素密不可分。而过去人们对于疾病的致因常从生物学视角寻找答案,认为是由细菌、病毒、寄生虫等致病生物,一些物理化学因素以及营养、遗传、免疫等方面因素引起的机体器官及其功能下降或损害所致。现在,人们对健康的认识从生物医学模式迈上了生物、心理、社会医学复合模式的新高度,建立了躯体、心理、社会三维一体的健康观。

1946年,世界卫生组织(WHO)在其宪章中对健康的概念进行了陈述,即"健康乃是一种在身体上,心理上和社会上的完满状态,而不仅仅是没有疾病和虚弱的状态"。1988年,世界卫生组织又在之前提出的健康概念上加上了道德标准,认为"健康不仅是没有疾病,而且包括躯体健康、心理健康、社会适应良好和道德健康"。根据世界卫生组织的界定,一般认为,判断一个人健康与否应看其是否符合以下情况:

(1)体重适当,身体匀称,站立时,头、肩、臂位置协调。

(2)肌肉丰满,皮肤有弹性。

(3)眼睛明亮,反应敏捷,眼睑不易发炎。

(4)头发有光泽,无头屑。

(5)牙齿清洁,无龋齿,不疼痛;牙龈颜色正常,无出血现象。

(6)能够抵抗一般性感冒和传染病。

(7)善于休息,睡眠好。

(8)处事乐观,态度积极,乐于承担责任,事无大小,不挑剔。

(9)有充沛的精力,能从容不迫地担负日常生活和繁重工作,而且不感到过分紧张与疲劳。

(10)应变能力强,能适应外界环境的各种变化。

从对健康这一概念的解读中可以看出,为了实现完满康宁的健康状态不仅要讲究生理卫生,还要讲究心理卫生,那么,准确地认识心理健康的内涵和标准,有意识地规划、调整自己的心理发展,主动改善心理健康状态,就成了健康心理学研究的首要问题。当前,精神生活的深度不安折磨着现代社会中人尤其是青年学生,社会竞争的压力日趋增大,学习、生活、人际交往、自我意识和升学就业等问题日益增多,苦闷、孤独、焦虑、冷漠……甚至精神崩溃、自杀、杀人等恶性事件频发,心理健康问题已成为一个"世纪性"的问题。

(二)健康的特性

健康具有以下几个特性。

1. 健康具有复合性

健康包括生理健康、心理健康、社会适应健康和道德健康四个方面,对个体健康的评估要从这四个方面来综合评估,任何单方面的评价都不能全面反映个体健康方面的真实情况,从这个角度讲,健康具有复合性。当然,有时在不严格的情况下,由于社会适应健康和道德健康跟心理健康关联性较大,有时会把社会适应健康、道德健康归入心理健康概念以内。因此,平时人们谈及健康就简单化指生理健康和心理健康,这种简化并不影响对健康的研究。

### 2. 健康具有主体性

个体的健康只有自己才能真正感知觉察,也只有自己才能真正把持。尽管每个人的健康跟周围环境都有着千丝万缕的联系,但是健康的真正主人是自己,而不是环境,也不是医生。对此,有专家高度概括道:"自己可以是健康最好的朋友,也可以成为健康最大的敌人。"要想拥有健康需要"多依靠自己,少依赖医生"。这些精辟的语言充分说明健康具有主体性,谁拥有健康,谁就得对自己的健康负责,充分发挥自身在涵养健康方面的主观能动性;否则,谁就将失去健康。

### 3. 健康具有动态性

健康还具有动态性。随着科学技术的发展,医学越来越先进,人们的生活水平和精神需要也越来越高。与此同时,人们对健康的认识随之发生变化,其内涵不断丰富、外延不断扩大,体现一种发展性。目前,健康概念从生理、心理、社会适应、道德四维基础上加以定义与研究。今后,随着人类社会的进一步发展和人们生活水平的进一步提高,人们对健康的要求完全可能随之提高,人们对健康概念的理解与认识也随之与时俱进,始终处在变化发展的动态之中。

### 4. 健康具有价值性

健康也少不了价值性。人人都想健康,但并非人人都能得到健康。人不同,对待健康的态度也不相同。有的人是为健康而健康,错误地认为享乐腐化、贪图安逸、游手好闲、无所事事就能拥有健康,追求理想、刻苦学习、勤奋工作就不能拥有健康。事实上,恰好相反,贪生怕死、不思进取、无所事事不利于一个人的健康,因为这样会让一个人的内心萎缩。人是基于价值而存在的,这种价值的体现主要表现在一个人对理想抱负的追求,为国家、集体、人民做出自己的贡献,体现人之为人存在的价值。因此,从某种意义上讲,个体追求理想抱负是人作为人的"本能"体现,总的来讲,内心是快乐的、幸福的,这种追求促进着个体健康成长。同时,健康的个体,学习生活都会有充沛的精力、积极的态度、持续的动力,其学习、工作的质量与效率都会提高,有助于其理想目标的实现,体现其人生价值。

5. 健康具有预防性

健康不是生了病才想办法"去病",而是在没有生病的时候就要想办法让自身不生病,或采用科学养生方法做好保健工作,增强身体器官组织功能素质,使之具有极强的抗病能力。正如中医所说的"上工治未病,下工治已病"。其基本的思想就是预防。

## 二、心理健康的内涵

### (一)心理健康的含义

心理健康是一个相对的概念,它不像人的身体,健康与不健康有诸如脉搏、体温等明显的生理指标,所以要区别心理是否健康并不那么容易。因此,关于心理健康的确切概念,国内外并没有一个公认的统一界定。

《简明不列颠百科全书》将心理健康解释为:"心理健康是指个体心理在本身及环境条件许可范围内所能达到的最佳功能状态,但不是十全十美的绝对状态。"[①]由此可见,心理健康是一种持

---

① 乔玲,王学. 心理健康[M]. 天津:天津大学出版社,2011:3.

续的、积极向上的高效而满意的心理状态。

精神医学者孟尼格尔认为:"心理健康是指人们对于环境及相互间具有高效率及快乐的适应情况,不只是要有效率,也不只是要能有满足感,或是能愉快地接受生活的规范,而是需要三者具备,心理健康的人应能保持平静的情绪、敏锐的智能、适于社会环境的行为和愉快的气质。"①

第三届国际心理卫生大会认为:"所谓心理健康,是指在身体、智能以及情感上,在与他人的心理健康不相矛盾的范围内,将个人心境发展成最佳的状态。"②这一概念将心理健康的含义分为三个层面,如表1-1所示。

表 1-1　心理健康的分层

| 生理层面 | 心理层面 | 社会层面 |
| --- | --- | --- |
| 健康的身体为先决条件 | 对自我持肯定态度 | 有效适应 |
| 中枢神经系统无疾病 | 明确自己的长、短处 | 妥善处理人际关系 |
|  | 认知与环境一致且有效;面对现实,积极乐观 | 角色扮演适合社会的要求,与环境保持良好接触 |

我国心理学家郭念峰等人认为:"所谓心理健康,最概括、最一般地说,是指人的心理,即知、情、意活动的内在关系协调,心理的内容与客观世界保持统一,并据此能促使人体内、外环境平衡和促使个体与社会环境相适应的状态,并由此不断地发展健全的人格,提高生活质量,保持旺盛的精力和愉快的情绪"③。

虽然关于心理健康的含义,国外学者的理解不同,众说纷纭,但都比较倾向认为,心理健康是指生活在一定的社会环境中的人体,在高级神经功能正常的情况下,智力正常、情绪稳定、行为适

---

① 孙庆民. 大学生健康教育[M]. 北京:电子科技大学出版社,2009:16.
② 李中国,马晓春. 大学生心理健康教育与心理调适[M]. 北京:北京师范大学出版社,2016:3.
③ 李中国,马晓春. 大学生心理健康教育与心理调适[M]. 北京:北京师范大学出版社,2016:3.

度,具有协调关系和适应环境的能力及特征。我们在讨论心理健康时,首先要认识到心理健康并不是一种固定的状态,而是一种不断发展的历程;同时,心理健康也不是指对任何事物都能愉快地接受,而只是在对待环境和问题冲突的反应上,能更多地表现出积极的适应倾向。

(二)心理健康的特点

1. 心理健康的状态具有相对性

一个人是否心理健康与一个人是否有不健康的心理和行为,并非完全是一回事。假如有这样一个情景:一位大学生,平时性格开朗,活泼大方,可近几个星期以来,他变得抑郁寡欢,常常神情恍惚,神不守舍,以致学习成绩一落千丈,还常常半夜里哭醒。他精神失常了吗? 从表现看有这样的看法。但当我们得知不久前他相恋多年的女友不幸因车祸丧生时,我们则认为他的表现是完全正常的。可见,人的心理健康具有相对性,与人们所处的时代、环境、年龄、文化背景等方面的因素有关,所以不能仅仅从一种行为或者一种偶然的行为来判断他人或自己的心理是否健康。

2. 心理健康的状态具有连续性

人的心理健康水平可分为不同的等级,“心理健康”与“心理不健康”不是泾渭分明的对立面,而是一种连续或交叉的状态。良好的心理健康状态到严重的心理疾病之间是渐进的、连续的,异常心理与正常心理,变态心理与常态心理之间没有绝对的界限,只是程度的差异。

长期以来,人们习惯于将人的心理健康看作黑白分明的事情。要么你是正常的人,无论你的思想与行为有多大的变态与异常现象;要么你就是个疯子,无论你的疾患有多大的好转。这种观点将人的精神正常与否看作简单的质差,忽视了正常人与精神病患者的巨大量差的变化。

事实上，在人的心理健康上存在着一个广泛的灰色区域。具体地说，如果将人的精神健康比作白色，精神不健康比作黑色，那么，在白色和黑色之间存在着一个巨大的缓冲区域——灰色区，世间大多数人的精神状况都散落在这一灰色区域内。换言之，灰色区可谓是人非器质性精神痛苦的总和，其中包括人的心理不平衡、情绪障碍及变态人格。这些问题不同程度地干扰了人们的正常生活与情绪状态。

灰色区又进一步划分为浅灰色和深灰色。浅灰色区的人只有心理冲突而无人格变态，其突出表现为由诸如失恋、丧亲、夫妻纠纷、家庭不和、工作不顺心、人际关系不佳等生活矛盾而带来的心理不平衡和精神压抑。深灰色的人则患有种种异常人格和神经症，如强迫症、焦虑症、癔症、性倒错等。浅灰色和深灰色也无明显界限，后者往往包含了前者。

### 3. 心理健康的状态具有动态性

心理健康的状态不是静止不变的，而是一个动态发展变化的过程。心理健康的水平会随着个人的成长、经验的积累、环境的改变，以及自我保健意识的发展而发展变化。

### 4. 心理健康的状态具有可逆性

如果我们不注意心理保健，经常出现不良的心理状态，那么心理健康水平就会下降，甚至出现心理变态和心理疾病；反过来，如果心理有了困扰或出现失衡时，学会及时自我调整和寻求心理咨询的帮助，就会很快解除烦恼，恢复健康的心理。

### （三）界定心理健康的原则

判别个体心理健康的好坏本质上就是判别他心理功能状态的好与坏。通过心理卫生工作的实践发现，良好的心理功能必须符合以下三项基本原则。

1. 心理活动与外部环境是否具有同一性

心理活动与外部环境是否具有同一性,指的是一个人的所思所想、所作所为是否正确地反映外部世界,有无明显的差异。人的心理活动从内容上讲是对客观现实,尤其是对社会现实的反映。所以,任何个体的心理活动与行为无论从形式上还是内容上,都必须与他所生存的客观环境保持一致。

2. 个性心理特征是否具有相对稳定性

个性心理特征是否具有相对稳定性即人的心理在没有重大外部环境改变的前提下,气质、性格、能力等个性心理特征相对稳定,行为表现出一贯性。长期生活经历会让一个人的心理过程带有稳定的个人差异与特点,形成较稳定的个性特征。因此,他的心理活动的特点或个性特征是不会突然改变的。如果一个人的个性特征突然出现明显的变化,如一个一向热情活泼的人突然变得沉默寡言,而且没有正常原因,这就表明他的心理活动产生了异常。

3. 心理过程是否具有完整性和协调性

心理过程是否具有完整性和协调性即人的心理活动中认知、情感、意志三个过程的内容是否完整,是否协调一致。个体的认知、情感和行为意志三者是相互影响、相互依存和相互制约的。因此,这三者应该是完整统一,协调一致的。三者不统一意味着个体心理的分裂。例如,恐惧症,患者认知上并不认为某物有危险性,而情感上却产生不可控制的恐惧,行为上产生逃避,这显然是认知、情感和行为意志的矛盾,所以是异常心理状态。

(四)心理健康的影响

生理健康与心理健康固然都很重要,但比较起来,心理健康对人的生活及人类社会的发展有着更为深远的意义。

### 1. 心理健康对生理健康的影响

心理健康与生理健康是密切相关、互为影响的。心理健康可以促进生理健康,生理健康又能促进心理健康,只有两者都得到健康发展,才是高水平的全面健康,才有可能激发自身其他的潜在能力。早在古代,我国医学经典《黄帝内经》就已揭示心理对生理健康的影响,指出:"大怒伤肝,暴喜伤心,思虑伤脾,悲忧伤肺,惊恐伤肾。"近代医学更明确提出身心疾病的概念,它是指心理因素在其发生、发展、治疗和预防方面起着重要作用的一类躯体疾病,主要包括冠心病、原发性高血压、支气管哮喘、溃疡性肠胃病、神经性皮炎、类风湿关节炎以及疼痛综合征等。现代研究证明,长期情绪不良会导致人体免疫功能下降,因而感冒、肝炎,甚至癌症等疾病都与心理因素有关。

### 2. 心理健康对人际关系的影响

人际关系是人与人之间直接的心理关系,反映了人们之间的心理距离,也受到一个人心理健康状况的影响。心理学研究表明,在集体中受欢迎的"人缘儿"的个性品质,恰恰与心理健康的标准相一致,而集体中受人排斥的"嫌弃儿"的个性品质,恰恰与心理健康的标准相悖。研究还证实,有心理障碍的中小学生,无论与父母、老师的关系,还是与兄妹、同学的关系,都远不如心理健康正常的学生。

### 3. 心理健康对生活质量的影响

心理健康的人,有利于充分发挥其心理的潜在能量,在其他条件相当的情况下,他们的学习成绩必然优于心理不健康者,工作效率也必然相对较高。心理健康的人比较能够耐受挫折和逆境,并比较容易平稳地度过社会变革和灾难。对大学生来说,心理健康是成才立业之本。有不少人虽有强壮的身体,但由于某种不健康心理因素的存在,如自卑、缺乏毅力,最终落得个庸庸碌碌、虚度一生的结局。有的人即使疾病缠身,严重残疾,但由于心理健康,就会以乐观的态度、惊人的毅力,赢得事业上的巨大成功,博得人们的尊重与钦佩。

4. 心理健康对素质教育的影响

心理健康的人不但具有良好的心理素质,而且对其他素质的形成也起着促进作用。一个心理健康的人能自知、自爱、自制,能够从容地适应社会环境,具有良好的心理素质。良好的政治、道德、文化、技能等素质必须建立在心理素质基础上,心理素质好比一种载体,人的其他素质必须由良好的心理素质来承载才能变成一个人的良好素质。因此,搞好素质教育必须从提高学生的心理素质开始。心理素质教育不仅能促进教育的发展,还能使德、智、体、美、劳五育的教育成果得以稳定和巩固。

# 第二节　大学生心理发展的阶段与特点

## 一、大学生心理发展的阶段

在通常情况下,大学期间学生的心理发展会经历不同的阶段,且在不同阶段有着不同的特点。考虑到不同阶段大学生心理发展的不同特点,这里将大学生心理发展分为以下三个阶段。

（一）适应准备阶段

这一阶段是从大学生步入校门开始的,指的是他们对大学生活从不适应到适应的过程,称为适应准备阶段,它是整个大学时代最困难的时期,如果处理不好,会影响到以后几年大学生活乃至毕业后的生活。这个阶段持续时间的长短因人而异,与个人适应能力的强弱有关。对多数学生来说,需要一个学期左右才可以度过这个阶段。

在这一阶段,大学生首先要面对的是从中学生活到大学生活的急剧转变。生活环境的变迁、人际关系的变化、学习方式的变更、社会角色的改变,这些改变都可能使他们感到很不适应,整个身心处于动荡不安之中。

在这种情况下,大学生原本在中学时期形成的心理结构将被破坏,周围全是陌生的面孔、陌生的事物,这使得大学新生原有的心理平衡被打破。他们内心交织着自信与自卑、轻松与压力,在一片陌生之中,逐步开始新的生活。在克服各种不适应的同时,大学新生力图建立新的心理结构,以达到新的心理平衡,从而开始真正的大学生活。

(二)稳定发展阶段

稳定发展阶段是指大学生适应了大学生活以后,初步建立起新的心理平衡的阶段,这是大学生活全面深化和发展的时期。这一阶段是大学生活最主要、最持久的阶段,将一直延续到大学毕业前夕,一般持续两三年。

在这一阶段,大学生各方面的关系趋于熟悉、稳定,新的生活秩序开始建立,大学生活进入相对稳定的阶段。与此同时,在这一稳定的阶段表面下,大学生的内部心理要素正在急速发展。例如,大学生的可塑性在这一阶段得到充分展现,每个人都按自身独特的方式塑造着自己。学生的专业学习兴趣浓厚、求知欲强、兴趣广泛、思维活跃,对自我认识进一步深入,人际交往增多,一些大学生还建立了较稳定的恋爱关系。由于这一阶段,大学生会遇到许多困难和问题,也会遇到困惑、苦恼,或者出现某种程度的心理障碍,也可能会遇到许多锻炼提高的机遇,因此,这一阶段也是大学生成长的时期。

(三)趋于成熟阶段

这一阶段指的是大学生从学生生涯向职业生涯过渡的阶段,这一时期,大学生面临从学校步入社会,并承担起个人社会责任的任务,面对又一次的环境变迁、角色变化,大学生的心理将又起波澜。不过,此时的大学生已接受严格的专业训练和独特的校园生活的陶冶,自主性较强,自我意识也有了很大的提高,对未来的生活道路能形成较正确的设想。

这个阶段往往是对大学生各方面素质进行综合考验的阶段,同时又是进一步促进大学生心理成熟的阶段。在这一阶段,大学生必须开始做好走向社会的心理准备,进一步深入地了解社会,把握好自己在生活中的位置。面对着毕业后的去向问题,相当多的同学不满足已有的知识水平,摩拳擦掌做继续深造的准备:有的同学则希望通过这一途径弥补高考未上本科线的缺憾。再加上近年来,大学生就业难问题的阻碍,这一时期每个大学生的心理负担、心理冲突都是不会少的。

## 二、大学生心理发展的特点

### (一)处在智力发展的高峰期

大学生的观察力、记忆力、思维力、想象力都达到了人生的最佳时期。

在观察力方面,敏捷性超过中老年,准确性又超过少年,不仅观察到事物的表面,而且能由表及里,抓住事物的本质特征。

在记忆力方面,识记范围大幅度扩大,逐步从少年时期的机械记忆转向意义记忆,能够按材料的顺序和主次整理编码,使之系统化便于记忆。

在思维力方面,大学生不仅思维活跃,而且思维的独立性、合理性、灵活性和批判性也显著增强,不再满足于一般的现象罗列和教科书、教师所提供的现成答案,不轻信名人,不轻信书本,不轻信宣传,喜欢独立思考,寻求事物的根源,喜欢怀疑和争论,提出自己的见解,对自己的想法也常反复论证,并能对自己思考结果进行检查和评价。在想法得到同学的支持或有事实证明时,会更加自信,更愿独立思考。在接受教育和批评时,也不再像少年时代那样百依百顺,而是要求有事实、有根据。

在想象力方面,随着大学生知识经验的增多和思维能力的发展,他们的想象力也出现了一些新的特点。一是进入大学后,由于活动领域的拓宽,大学生与客观现实的接触范围日益扩大;由于独立思考能力提高,在现实与理想、思想与行为、个人愿望与社会要求之间出现了各种矛盾,原来那种天真烂漫的想象不断受到冲击,使他们开始注重从现实思考问题,从现实憧憬未来,从现实设计自己。二是随着大学生生活范围的扩大和表象积累的增多,他们想象的内容也逐渐丰富起来。他们不仅对自己所学内容有关问题展开想象,而且对专业学习以外的各种现象进行想象;不仅考虑与自己切身利益有关的问题,而且十分关心社会和国家的前途命运。三是随着大学生抽象逻辑思维的迅速发展,其思维的批判性、独立性和创造性进一步增强,他们克服了少年时期想象力的局限性,想象中的创造性成分日益增多。有关资料表明,大多数大学生具有较丰富的创造想象力,他们创造性想象的形象常具有新颖、奇特的特点。

(二)智力发展存有内在矛盾

智力是一个多种基本能力的综合,包括观察力、记忆力、注意力、思维力、想象力、创造力等,它的核心是逻辑思维能力。人的智力水平从出生后开始迅速发展,20～35岁时达到顶峰水平。大学生经过十几年的学习训练,到大学阶段,各项智力因素均达到相当高的水平,记忆力强、观察敏锐、思维活跃、反应敏捷,表现出强烈的求知探索、开拓创新的倾向。尤为可贵的是,随着知识的拓展、经验的积累和思维能力的提高,大学生不再满足于停留在事物的表层或定论上,而是由于知识、经验的局限和认识方式的不足,大学生在分析问题时容易钻牛角尖,过于主观片面,得出与事实相去甚远的结论。这是大学生心理与社会性发展尚不成熟的表现之一。

(三)情感丰富而不稳定

需要是情绪与情感产生的基础,大学生的心理需要复杂多样。既有衣食住行等基本生活的需要,又有迫切的交往需要和成就需要,渴望理解和尊重,寻求友谊和爱情。他们还有自我实现和求真、求善、求美的高层次需要。复杂强烈的需要导致大学生的情绪与情感体验丰富而深刻,使得他们不论在日常生活、学习、交往中,还是从事社会活动时,无不带有浓厚的感情色彩。

大学生自我情感体验方面十分丰富,注重独立、自尊和自信。有强烈的民族自尊心和自豪感,有"天下兴亡、匹夫有责"的社会责任感。大学生大多疾恶如仇、善恶分明、正义感强,但是,由于大学生生理、心理和在社会性上的不平衡,使得他们的情绪和情感具有不稳定因素,突出表现在情绪与情感的波动性特点,即常在两极之间动荡、起伏,时而平静、时而活动,时而积极、时而消极,时而肯定、时而否定,时而内隐、时而外显。此外,大学生精力充沛、血气方刚,具有勇往直前的气魄,但又盲目蛮干,尤其是在感受到挑衅和敌意时,容易情绪失控,呈现出冲动性特点。

(四)自我意识趋向成熟与完善

自我意识是人对自身及自身与周围世界关系的认识。人的自我意识从儿童期开始发展,到青年期逐步走向成熟。大学生由于生活环境的变化,脱离父母的呵护,开始了独立生活,因而成人感、独立感骤然增强,自我意识进一步发展。他们更多地把目光从外部世界转向自己的内心世界,致力于自我认识、自我体验、自我评价、自我监督和自我约束。他们加强自省、注重对内心的分析和体验,力图了解自己的情感和心理,关心别人对自己的评价,渴望得到尊重和理解。他们十分注重塑造自身形象,并设计出理想中的自我模式,现实自我与理想自我开始产生区别。大学生的自我意识发展虽正逐步走向成熟与完善,但也容易出现一些偏差,如有时不能正确认识自己,往往过高估计,一旦遭遇挫折,又容易产生自卑感。这表明大学生自我意识还没有达到最终的完善与统一。

（五）表现出明显的可塑性和过渡性

大学时期是人生各种心理品质全面发展、急剧变化的时期。大学生在这一时期心理发展存在不稳定、可塑性大的特点。例如，在认知方面容易偏执；在情绪方面容易走极端；在意志方面有时执拗，有时又缺少恒心和毅力；在个性方面，虽然许多个性品质已基本形成，但却容易受外界或生活情境的影响。

同时，大学时期是少年向成年人转变的过渡期，也是少年心理向成人心理过渡的关键期。从心理发展水平看，多数大学生的心理正处于迅速走向成熟又没有完全成熟的时期。从心理发展过程看，认知迅速发展，达到了相对成熟的阶段。认知的核心要素思维已由经验型向理论型转化。情感也从激情体验、易感状态逐步升华过渡到富于热情，充满青春活力，社会道德感和社会责任感增强。在意志行动上则从容易冲动发展到具有一定的自控力，形成相对稳定的行为习惯。从个性发展看，性格、能力等个性心理特征都达到相对稳定和渐至成熟的水平，理想、信念、自我意识等个性意识经过大学阶段也逐渐接近成人的发展水平。

（六）爱情需要与性意识进一步发展

随着大学生生理、性心理的发展，爱情需要与性意识也快速发展起来。他们对异性充满好奇，关注异性，他们追求纯洁美好的爱情，加上大学环境较为宽松，不少学生已开始考虑恋爱问题，并试图建立相对稳定的恋爱关系。不少大学生都能合理选择恋爱时机，处理好学业与爱情的关系，并采取文明健康的恋爱方式，使之成为人格完善的契机和美好人生的华章。但也有部分大学生在尚不了解爱情真谛时就匆忙涉足爱河、陷入感情旋涡，影响学业，或者不能慎重处理两性关系，酿成悔恨的苦酒。

（七）成人意识发展迅速，社会需求迫切

大学生脱离了父母的呵护和中学老师的约束，开始了独立生活,成人感、独立感增强,表现出独立性和自主性。希望参加成年人的活动,希望享有与成人同等的社会地位和权利,与成年人建立平等的关系。父母的关心被视为唠叨,老师的教育和指导被看成是小题大做。如果家长和老师对他们过分关心,会觉得其限制他们的自由,从而产生不满情绪和逆反心理。他们渴望社会的理解和信任,希望别人尊重自己、认可自己。无论是在生活上,还是学习上、工作上,他们都希望家长和老师能放开手脚,让他们独自去做自己想做的事情,锻炼能力和本事。他们只愿与同龄人交往,心中如有烦恼,不愿告诉父母或老师,而愿意向同学、朋友诉说。大学生富于理想,憧憬未来,自我实现的需要较强,加入社会的愿望迫切,关注社会,热衷于对社会发生的各种现象进行评判,并希望加入进去,按照自己的想法改变令人不满意的现状,从而实现自身的价值。

## 第三节 大学生心理健康的标准及影响因素

### 一、大学生心理健康的标准

综合国内外专家学者的观点,根据大学生的年龄特征、心理特征和角色特征,我国当代大学生心理健康的标准包括以下几个方面。

（一）智力正常且能充分发挥

智力是指人的认识问题、解决问题的能力,包括人的观察力、注意力、记忆力、想象力、创造力、思维能力和实践活动能力等的综合,是人在经验中学习或理解的能力、获得和保持知识的能力,迅速而又成功地对新情景作出反应的能力,运用推理有效地解决问题的能力等。智力正常是大学生学习、生活、工作的最基本的心理条件,是大学生胜任学习任务、适应周围环境变化需要的心理保证,因此,智力正常是衡量大学生心理健康的首要标准。一般来说,大学生的智力是正常的,甚至相对于同龄人,其智力总体水平较高,因而衡量大学生的智力,关键在于看大学生的智力是否正常地、充分地发挥了效能。

大学生智力正常且充分发挥的标准是:有强烈的求知欲和浓厚的探索兴趣;智力结构中各要素在其认识活动和实践活动中都能积极协调地参与并能正常地发挥作用;乐于学习。

(二)情绪健康、意志健全、人格完整

情绪健康的主要标志是情绪稳定和心情愉快。这是大学生心理健康的一个重要指标。因为情绪在心理健康中起着核心的作用,情绪异常往往是心理疾病的先兆。情绪健康包括的内容有:愉快情绪多于负面情绪,富有朝气,开朗乐观,对生活充满希望;情绪较稳定,善于控制与调节自己的情绪,既能克制又能合理宣泄,在不同的时间和场合有恰如其分的情绪表达;情绪反应与环境相适应,情绪反应是由不同的原因引起的,反应的强度应与当时的情境相符。

意志是一种心理过程,是人在完成一种有目标的活动时,所进行的选择、决定与执行的心理过程。一个意志健全的大学生在各种活动中都有自觉的目的性,能适时地作出决定并运用切实有效的方法解决所遇到的各种问题,在困难和挫折面前能采取合理的反应方式,能在行动中控制自己的情绪和言行,而不会顽固执拗、行动盲目、言行冲动、轻率鲁莽,或害怕困难、意志薄弱、优柔寡断。

"人格"的内涵,在我们日常生活中会经常体现。比如我们经常会听到同学们谈"某某同学人格低下",在这里"人格"是指人的道德素养;或者听同学们说"人格受到了侮辱",而这里的"人格"就是指我们的尊严。在心理学上,"人格"指个体比较稳定的心理特征的总和,包括气质、性格、能力、兴趣、爱好、需要、理想、信念等,也就是我们常说的个性。气质和性格是人格的重要组成部分。人格完整就是指有健全统一的人格,即个人的所想、所说、所做都是协调一致的。大学生人格完整的主要标志是:人格结构的各要素完整统一;具有正确的自我意识,不产生自我同一性混乱;

以积极进取的人生观作为人格的核心,并以此为中心把自己的需要、愿望、目标和行为统一起来。

### (三)自我评价正确

正确的自我评价是大学生心理健康的重要条件,对自己的认识比较接近现实,有自知之明,恰如其分地认识自己,摆正自己的位置,对优点感到欣慰,又不至于狂妄自大,对弱点既不回避,也不自暴自弃,而是善于自我接纳,喜欢自己,接受自己,自尊、自强、自制、自爱适度,正视现实,积极进取。

### (四)人际关系和谐

社会的人总是处在一定的社会关系中,大学生也同样离不开与人打交道。和谐的人际关系既是大学生心理健康不可缺少的条件,也是大学生获得心理健康的重要途径。大学生人际关系的和谐表现为:乐于与人交往,既有稳定而广泛的人际关系,又有知心朋友;在交往中保持独立而完整的人格,有自知之明,不卑不亢;能客观评价别人和自己,善取人之长补己之短;宽以待人,乐于助人;积极的交往态度多于消极态度;交往动机端正。

### (五)适应能力强

较强的适应能力是心理健康的重要特征,不能有效处理与周围现实环境的关系是导致心理障碍的重要原因。

心理健康的大学生,应能和社会保持良好的接触,对社会现状有较清晰正确的认识,思想和行动都能跟得上时代的发展步伐,与社会的要求相符合。当发现自己的需要愿望与社会需要发生矛盾时,能迅速进行自我调节,以求和社会的协调一致,而不是逃避现实,更不是妄自尊大,一意孤行,与社会需要背道而驰。和社会保持良好的接触,对周围事物和环境能作出客观的认识和评价,能够面对现实,接受现实,并能主动适应。以有效的办法应对环境中的各种困难,不退缩,还要根据环境的特点和自我意识的情况努力进行协调。

(六)心理行为符合年龄特征

在人生命发展的不同年龄阶段,都有相对应的不同的心理行为表现,从而形成不同年龄阶段心理行为模式。大学生应具有与年龄和角色相应的心理行为特征。心理健康的大学生精力充沛、思维敏捷、情感活跃,与之相适应,行为上应该表现为朝气蓬勃、热情洋溢、生龙活虎、反应敏捷、勇于探索、勤学好问。如果出现那种所谓的"少年老成"、萎靡不振、喜怒无常,或过于幼稚、过于依赖等现象,都是心理不健康的表现。总之,若心理和行为经常严重地偏离自己所属的年龄特征,则有可能是心理不健康的表现。

心理健康的大学生有独立的生活能力,意志坚定;无论是在情感上还是在实际生活中都较少有依赖心理,自主性强;他们善于在不同的环境下寻找自己感兴趣的事情和事业的生长点,心理生活充实,很少有孤独感;他们较能接受现实,不轻易产生敌对情绪,对因家境、地域、病患、个人能力与努力等原因导致的各种差异能正确看待。例如,面对班上的某些同学家庭生活条件本来就很好,学习成绩名列前茅,拿到一等奖学金,自己则不但家境差,生活困难,而且学习成绩又不如人意,在这种情况下也能高兴地接纳他人和自己。心理健康的大学生能适应不同环境下的社会生活,不管处于什么社会生活环境下都能主动同社会保持接触,让自己融入社会,自觉用社会规范来约束自己,使自己的行为符合社会的要求,而不是把自己孤立起来,与社会格格不入。

## 二、大学生心理健康的影响因素

(一)环境因素

1. 家庭环境因素

(1)父母亲的心理状态

作为个体生命中的重要他人,父母亲各自的心理状态,包括父母亲的认知、情感和行为等方面的表现,以及父母亲的脾气、性格、人生观、价值观等,对个体心理的发育和健康有着极其重要的影响。

(2)家庭的经济情况和社会地位

大学生的家庭的经济状况、生活背景,来自农村或者城市等都会间接影响大学生的心理状态。

(3)父母亲的教养方式

所谓教养方式是指父母在抚养、教育子女的活动中使用的方法和形式,是父母各种教养行为的特征概括,是一种具有相对稳定性的行为风格。

国内对父母教养方式的分类也各不相同,最常见的是,将父母的教养方式分为放纵型、溺爱型、专制型和民主型。相关研究表明,民主型教养方式有助于孩子心理的健康发展,而放纵型、溺爱型、专制型都不利于孩子心理的健康发展。

(4)家庭结构

从社会现实情况来看,独生子女家庭、单亲家庭、祖孙同堂等不同的家庭结构,对个体的心理健康会有不同的影响;子女与父母亲之间能否存在有效的、健康的交流模式,对个体心理健康也具有十分显著的影响;而来自家庭的情感支撑,是维护大学生心理健康的重要保证。

2. 学校环境因素

对于很多刚刚步入大学校门的学生来讲,他们都需要面临一个非常重要的改变,即大学校园环境相较中小学而言,要宽松得多,学习也不再像中学那样以我国常见的“填鸭式”教学为主,而转换成为以自主探索为主的学习模式,这对于大多数学生而言,都是需要适应并予以调整的,若不能及时适应大学的校园环境,很容易就会出现各类心理问题,如孤单、寂寞、忧郁等,严重的还会影响大学生的身心健康。

3. 社会环境因素

随着我国进一步地对外开放和科学技术的不断进步,以及经济全球化时代的到来,社会生活日新月异。人们面临传统观念的变革、价值体系坐标的选择、新的生活方式的适应等问题,这对人们来说是一种心理上的考验。

在现代社会中,大学生面临的挑战很多,有来自社会责任的压力,有来自生活本身的压力,有来自竞争的压力、择业就业的压力,有知识更新不断加快所带来的压力等等。大学生是社会上最活跃、最敏感的人群,他们常常最先敏锐地感觉到变化和冲击,由于他们正处在人格和观念的形成期,生理和心理在迅速地变化,处于成熟与不成熟之间,因而这种变化在他们心灵中的冲击也最为明显、强烈和动荡。他们欢迎这种变化,但又对某些变化感到迷惑不解,难以适应。如果这种压力感过于沉重,就会出现心理障碍。有关调查显示,当代大学生中有不少人感到"社会变化太大、太快,自己与社会隔离太远",对学习和就业都有一种无所适从之感。此外,社会变革带来的一些负效应也对大学生心理带来不可忽视的消极影响。例如,不良社会风气、不健康的社会意识、不文明的大众传播等,都会对大学生产生不良影响。

(二)个人因素

1. 生理因素

影响大学生心理健康的生理因素主要是指个体的身体健康状况,个体有无身体上的缺陷和疾病,以及身高体重等外显的生理指标是否严重偏离平均水平。而这两方面的因素主要包括遗传因素和病毒感染与躯体疾病因素两种。

(1)遗传因素

根据相关的统计调查和临床观察资料表明,人的心理主要是在后天环境影响下形成和发展起来的,然而,人的心理发展与遗传因素也有着密切的关系。研究表明,血缘关系越近,对患者的遗传影响也就越明显,这是遗传因素起作用的最为明显的证据。同时,遗传上的易感性在某些人身上也是存在的,以遗传素质为基础的神经类型及各个年龄阶段所表现的身体特征也可以影响人的心理活动。

（2）病毒感染与躯体疾病

由病菌、病毒（如脑梅毒、斑疹伤寒、流行性脑炎）等引起的中枢神经系统的传染病会损害人的神经组织结构,导致器质性心理障碍或精神失常。这一点对儿童的影响尤为严重,是造成智力迟滞或痴呆的重要原因。脑外伤或化学中毒、某些严重的躯体疾病、机能障碍等,也是造成心理障碍和精神失常的因素。

2. 个人的认知、情感和行为因素

个人的认知风格、情感的状态,以及行为习惯,都会对个体的心理健康产生影响。比如认知风格,独立型认知风格的学生在处理和解决问题时通常习惯于通过自己的努力和思考来达到目标。依存型认知风格的学生更多借助别人的建议和帮助。再比如情感状态,积极、愉快的情感对人的生活起着良好的作用,有利于发挥机体的潜能,提高工作效率,增进人体健康。近代医学科学实验研究已经肯定消极情感对身心疾病的发生、发展过程有着不良影响。例如,无所依靠和失望的情绪可以降低一个人的免疫力。情绪在心理变态中起核心作用,心理和精神病的先兆往往表现为情绪异常,所以,良好的情绪是心理健康的重要保证。

3. 个性特征

每个人都有自己独特的个性,它对人的心理健康有非常重要的影响。这是因为人们总是根据自己的个性特点对致病原因及已形成的疾病做出各种反应,所以,个体的个性特征往往比引起疾病的病原性质更能决定疾病的表现。

研究显示,各种精神疾病特别是神经官能症,往往都有相应的特殊人格特征作为其发病的基础。例如,强迫性神经症,其相应的特殊人格特征称为强迫性人格,具体表现为谨小慎微、求全求美、自我克制、优柔寡断、墨守成规、拘谨呆板、敏感多疑、心胸狭窄、事事容易后悔、责任心过重、苛求自己等。又如,与癔症相联系的特殊人格特征是富于暗示性、情绪多变、容易激动、敢于幻想、以自我为中心和爱自我表现。因此,培养和完善健全的人格是预防和减少心理障碍和精神疾病的一项重要措施。

### 4. 重大生活事件

生活中遇到的各种各样的变化(尤其是一些突然变化的事件)常常是导致心理失常和精神疾病的原因,如家人死亡、失恋、离婚、天灾、疾病等。在对生活事件与心理健康之间的关系进行解释时,一般人都认为是由于生活事件的产生增加了个体适应环境的压力。换句话说,个体每经历一次生活事件,都要付出精力去调整由于这一事件的发生所引起的生活变化,如结婚就意味着单身生活的结束,开始新的家庭生活。而升学、就业、谈恋爱等也会不同程度地促使个体生活的改变,如果生活事件增加,那么个体的生活变化也会相应增加,个体要适应变化了的生活,所付出的努力也需要相应增加。所以,如果在一段时间内发生太多的生活事件,个体的躯体和心理健康状况就极易受到影响。

## 第四节  大学生心理健康教育的内涵

### 一、大学生心理健康教育的概念和特点

#### (一)大学生心理健康教育的概念

大学生心理健康教育是指以维护大学生心理健康和提高大学生心理素质为主要目的而开展的各种教育活动。大学生心理健康教育是帮助学生成长和发展的教育活动,有别于高校其他教

育活动。

(二)大学生心理健康教育的特点

1. 目的性

大学生心理健康教育的目的包括两个方面：一方面，大学生认识到心理健康教育对提高心理素质和维护心理健康的作用和意义，自觉地接受心理健康教育，积极参与各种心理健康教育活动；另一方面，为培养高素质的高级专门人才，高校有计划、有组织地开展各种各样的心理健康教育活动，旨在帮助大学生提高自知力，促进心理成长与潜能开发，增进社会适应能力，健全人格，从而在总体上提高心理素质并维护心理健康。

2. 针对性

目前普通高校在校大学生的年龄在 18～23 岁。就群体而言，按班级、年级等可以分为不同的正式群体，按兴趣、爱好等心理特点可分为不同的非正式群体，因此要针对大学生不同群体的特点开展心理健康教育。就个体而言，因为每个大学生都是一个独立的存在，有其特殊性，因此必须因人而异地有针对性地开展心理健康教育与心理辅导。

3. 实践性

这是由大学生心理健康教育对象的特点所决定的。大学生是生活在社会和大学校园中活生生的群体或个体，其心理时刻在发生变化，只有理论联系实际，才能有目的地、有针对性地开展大学生心理健康教育，并收到预期的效果。此外，大学生心理健康教育的实践性体现在心理健康教育的形式与方法多样化。根据大学生逻辑思维的发展，大学生心理健康教育在某种程度上可以借助说服、辩论、对话等理性分析手段和方法，但又不仅仅限于此种言语教育方式，必须结合放松训练、角色扮演等心理训练形式和方法,通过具体规定实践教学内容、要求、目标、步骤,开展各种各样的心理健康教育实践活动。

### 4. 综合性

一方面,开展大学生心理健康教育,需要综合运用普通心理学、教育心理学、青年心理学、社会心理学、心理咨询、行为科学、医学心理学、精神卫生学等学科的有关知识,揭示大学生的心理活动及其发展变化规律,提高大学生心理素质,维护大学生心理健康。另一方面,大学生的心理发展受多种因素的影响,既有外部因素(如社会政治、经济、文化、科技等)的制约,又有内部因素(如思想素质、心理素质、身体素质等)的影响。因此,在进行大学生心理健康教育的过程中,必须辩证、综合地考虑各种影响大学生心理变化和发展的因素。

## 二、大学生心理健康教育的目标和意义

### (一)大学生心理健康教育的目标

具体来说,大学生心理健康教育的目标可以归纳为以下三点。

#### 1. 了解心理健康的功能

社会的发展使人们对心理健康教育的认识不断深化,提出了心理健康教育的三级功能:即初级功能、中级功能、高级功能。初级功能是传授和提供心理健康知识,预防和减少心理疾病的发生;中级功能是增强心理素质,完善心理调节;高级功能是健全个体,适应社会。我国是发展中国家,心理健康教育的水平不高,还做不到普及,正处在初级功能阶段。我们要通过全社会的重视,特别是教育部门的重视,逐步发展心理健康教育的中级功能和高级功能,使心理健康教育更趋完善。

**2. 帮助大学生树立科学健康知识**

了解心理健康的知识,使他们不仅认识到除了要有健壮的体魄、健康的躯体,还应有良好的心理素质和社会适应能力。未来竞争的焦点是人才竞争,而健康水平又是人才竞争中最重要的条件,要使自己保持人才竞争的有利条件,就要有增进健康的紧迫感。

**3. 丰富心理卫生知识,提高自我保健能力**

与心理健康有关的知识水平是促使行为和生活方式改变的最基本条件,也是人的整体素质的重要方面。目前我国大学生心理卫生知识水平不高,且明显与年龄及学历很不相称。心理健康教育就是要使大学生改变心理卫生知识贫乏的现象,充分运用文化水平高、学校设备先进、信息传递快、资料丰富、各种人才济济等良好条件,努力掌握并丰富心理卫生知识,学会观察分析各种生理、心理和社会的影响因素,改变不健康的行为和不良的生活方式,提高自我保健能力。

**(二)大学生心理健康教育的意义**

心理健康教育对每个大学生都有着特殊意义,一个人具有良好的情绪、积极的心态,不仅能让自己的身心处于愉快和谐状态中,而且能使自己与他人友好相处,保持融洽的关系,有效地建立信心,主动地规划与完善自我,促进自身的健康成长。

**1. 进行心理健康教育是塑造大学生优良品德的基本条件**

性格健康是心理健康的首要必备条件。一个人的性格具体标志着一个人的品德和世界观,即人的性格特征和人的思想品质是紧密地联系在一起的,没有健康的性格就谈不上优良思想品德的形成。也就是说,培养健康的性格和优良的思想品德是同一教育过程中的两个不同的侧面。所以说,心理健康教育与受教育者的人格发展密切相关,并直接影响个体人格的发展水平。一方面,学生以在心理健康教育过程中接受的道德规范、行为方式、环境信息、社会期望等来逐渐完善自身的人格结构;另一方面,客观存在的价值观念作为心理生活中对自身一种衡量、评价和调控,也影响着个体人格的发展,并且在一定条件下还可转化为人格特质,从而使人格发展上升到一个新的高度。同时,心理健康教育不是消极地附属于这种转化,而是在转化过程中能动地引导受教育者调整方向,使个体把握自我,对自身的行为进行认识评价,从而达到心理优化、健全人格的目的。可见,心理健康教育对大学生人格的培养,思想和品德的训练均起到积极的促进作用,是必要的手段。

### 2. 进行心理健康教育是提高学生综合素质的有效方式

心理素质是个体在心理方面比较稳定的内在特点,包括个人的精神面貌、气质、性格和情绪等心理要素,是其他素质形成和发展的基础。学生求知和成长,实质上是一种持续不断的心理活动和心理发展过程。教育提供给学生的文化知识,只有通过个体的选择、内化,才能渗透于个体的人格特质中,使其从幼稚走向成熟。这个过程,也是个体的心理素质水平不断提高的过程。学生综合素质的提高,在很大程度上要受到心理素质的影响。学生各种素质的形成,要以心理素质为中介,创造意识、自主人格、竞争能力、适应能力的形成和发展要以心理素质为先导。在复杂多变的社会环境中,保持良好的心理适应状况,是抗拒诱惑、承受挫折、实现自我调节的关键。从这个意义上可以说,大学生综合素质的强弱,主要取决于他们心理素质的高低,取决于学校心理健康教育的成功与否。

### 3. 进行心理健康教育是促进大学生智力发展和提高心理素质的基础

在学习过程中,如果一个大学生朝气蓬勃、心情愉快,就会调动其智力活动的积极性,进而促进智力的发展。反之,若是在烦恼、焦燥、担心、忧虑、惧怕等情绪状态下学习,就会压抑他智力活动的积极性和主动性,使其感知、记忆、思维、想象等认知机能受到压抑和阻碍。事实上,那些被感情问题、人际关系等问题搞得忧心忡忡致使成绩一落千丈,因控制不住自己的情绪冲动而违法违纪,因缺乏学习动机而厌学的大学生,其症结都表明了心理是人的一切活动的根本。

4. 进行心理健康教育是开发学生潜能的可靠途径

教育的目的之一就是要开发受教育者的潜能。良好的心理素质和潜能开发是相互促进、互为前提的,心理健康教育为二者的协调发展创造必要条件。心理健康教育通过激发受教育者的自信心,帮助主体在更高的层次上认识自我,从而实现角色转换,发展对环境的适应能力,最终使潜能得到充分发展。

5. 有助于大学生建立良好的人际关系

从中学升入大学,不同省市、不同习惯的同学相聚在一起,有一个相互适应、相互熟悉的过程。在这样的环境下,大学生学习心理学知识,可以增进相互间的理解,促进人际关系的和谐。大学生的友谊往往是深刻而持久的,它可以成为大学生情感的寄托,可以增强归属感,满足被尊重与被爱以及自我实现的需要。与此同时,关心他人、理解他人,也能促进自己拥有博大的胸怀,从而大大增加生活、学习、工作的能力,最大限度地减少心理应激和心理危机感,这是人们维护和保持心理健康的最基本、最重要的因素之一。

## 三、大学生心理健康教育的原则和方法

(一)大学生心理健康教育的原则

为了保证大学生心理健康教育的科学性,在开展教育时必须

遵循以下几方面的原则。

### 1. 坚持以人为本

以人为本原则是在坚持大学生心理健康教育主体性,以心理健康教育工作者和全体大学生为本的基础上提出的。

一方面,心理健康教育工作者是规划和调控整个心理健康教育过程、引导受教育者的思想、提高其心理素质、塑造其心理品德的主导因素。教育者主体性发挥的如何,直接关系到心理健康教育的方向和效果。因此,在开展心理健康教育时,要注意发挥心理健康教育工作者的能动性、主导性、创造性、前瞻性,以强烈的责任感、事业心和创新精神根据不同层次的受教育者的特点创造性地开展心理健康教育。

另一方面,大学生既是整个心理健康教育过程的主体,也是心理健康教育过程的客体。作为主体,他们是心理素质健康发展的需求者、受益者;作为客体,他们是心理健康教育的对象。因此,在心理健康教育中,教育工作者要"以求助者为中心",引导他们自我探索、自我发现、领悟自我,充分发挥学生自我、学生同辈、学生群体在心理健康教育中的主体作用,使他们能够自觉、自主地适应新的情况,处理新问题,不断提高自身的心理素质。

### 2. 面向全体学生原则

对大学生进行心理健康教育要面向所有学生。因为每一个大学生都有获得身心健康成长的需求。当然,在具体的心理健康教育过程中,有些学生需要以矫治为主,但这毕竟是少数,更多的是以预防和发展为主,开发学生的潜力和创造力。只有保证面向全体同学,才能做到大学生心理健康教育的普及,才能更大程度地提高心理健康教育的作用。因此,在确定心理健康教育内容时,要考虑大学生共同需要与普遍存在的问题,创造条件让尽可能多的大学生参与其中。

3. 促进大学生全面、和谐地发展

心理健康教育的宗旨是,更好地成长成才,因此构建我国大学生心理健康教育体系必须以促进大学生全面、和谐地发展为基本原则,它要求心理健康教育不仅要培养适应社会生产发展需要的人才,而且要使大学生具有良好的心理素质,聪慧、热情、坚毅、具有创造性,成为人格健康、个性和谐、全面发展的人才。

个体的全面发展是多个维度的,从心理结构上看有认知、情感、意志、行为、个性等;从素质内容上看有品德、智能、动作技能、审美能力、心理素质等。这些素质潜能在个体的生命生涯中,大多处于一种沉睡的状态,需要教育来唤醒和开发它。大学生心理健康教育就是唤醒大学生全面素质的一个重要方法,而要切实达到这一效果,在开展大学生心理健康教育的过程中,必须以促进大学生全面、和谐地发展为原则。

需要注意和谐发展的概念,它包括个体身心的和谐发展、自我与他人的和谐发展、自我与自然的和谐发展。因此,在开展大学生心理健康教育时,应有利于人与人的关系和谐,以营造和谐发展的社会关系;有利于个体自我的身心和谐,包括自我认知和谐、情绪情感和谐、意志和谐、行为和谐、知情意行和谐、个性心理和谐,以培养和谐发展的人;有利于人与自然的和谐。要达到人与自然的高度和谐,心理健康教育体系还必须考虑校园环境与社会环境的营造。

4. 尊重与理解原则

尊重,就是尊重大学生的人格与尊严,尊重每个学生的个人价值以及个别差异,以平等的态度对待每位大学生的个体差异性。尊重是理解的基础。所谓理解,即站在学生的角度看待问题,达到"感同身受"的效果。当学生做了有违纪律、公德的事情而感到苦恼来找咨询老师倾诉时,辅导老师一定不能采取言语批评的方式。如果站在学生的对立面,那么心理健康教育将无法正常有效地开展。

5. 坚持协同性原则

心理健康教育是一项系统性的工程,不仅需要我国高校有关部门的力量协同配合进行,而且需要学校内部各要素的协同一致,因此,开展大学生心理健康教育应坚持协同性原则。具体来看,在开展大学生心理健康教育的过程中坚持协同性,可从以下几方面入手:

(1)与学校全体教职员工的教学育人、科研育人、管理育人、服务育人协同起来,动员学校全体教职员工都来关心大学生的心理健康,把大学生心理健康教育渗透到学校各项工作中去。这就要求高校要建立和完善我国大学生心理健康教育与心理咨询的体系。建立和完善包括三级目标(发展性目标、预防性目标、治疗性目标)、多种工作机制(如教育机制、辅导机制、互助机制、危机干预机制、外援机制、保障机制等)在内的立体型工作网络。

(2)与高校学生管理协同以形成合力。心理健康教育为学生的负性情绪提供释放能量的渠道,在一定程度上能降低极端消极事件的发生率,有利于学生管理。而学生管理工作能及时掌握学生思想心理动向,及时发现学生的心理问题,可增强心理健康教育的针对性。因此,可将大学生心理健康教育与学校管理协同起来,提高心理健康教育的实践效果。例如,将心理危机干预机制渗透到学生管理组织结构中去,以提高心理危机干预的及时性、有效性。

(3)与思想道德教育协同以形成合力。我国有着优良的思想品德教育工作传统,改革开放新时期的思想品德教育工作更创造了丰富的成功经验。而心理健康教育则侧重于学生心理的发展、调适与矫正,帮助学生塑造健康的人格,提高心理素质,发掘学生潜能。二者在教育目标层次、教育理论、内容、方法上又有明显的区别。高校完全可以将心理健康教育与思想道德教育结合起来,通过心理健康教育解除或缓解学生的认知、情绪或行为方面的困扰及障碍;通过思想道德教育提升学生的人生境界,确立积极进取的人生态度,科学对待人生环境,为行为增添动力,促进心理健康水平的提高。

### 6. 保密原则

保密原则是心理健康教育中最为重要的原则之一。在个别心理咨询中可能会涉及来访者的隐私或者不愿公开的问题。因此,作为心理咨询者或心理辅导教师,必须尊重来访的大学生,坚持保密原则,不可将其言行随意泄露给任何个人或单位,充分保护来访者的利益和隐私。与咨询者或来访者确立相互信任的咨询关系,也是学校心理咨询活动顺利开展的基础。

当然,保密原则也并不是绝对的。例如,有明显自杀意图或攻击性行为的来访者,咨询者在必要时应与值得信赖的人或学校有关人士商量,以避免恶性事故的出现。

### 7. 因材施教原则

"因材施教"历来是教育学生的一条基本原则,也是心理健康教育的一项基本原则。每一个大学生都是一个独特的个体。学校心理健康教育的目的不是要消除每个大学生身上的独特性以及每个学生之间的差异性,而是要使每个大学生的独特性、独创性在积极的方向上得到最充分、最完美的体现。"面向全体学生原则"是就心理健康教育的对象而言的;这里所说的"因材施教原则"是就辅导的具体方法和内容而言的。实际上,只有对具体问题作具体分析,个性化地对待每一个学生,才能给全体学生提供有效的服务,才能保证心理健康教育落到实处。

### (二)大学生心理健康教育的方法

#### 1. 积极开展心理健康教育宣传活动

高校要充分发挥学校广播、网站、校刊、校报、橱窗、板报以及校园网络的作用,大力宣传普及心理健康知识。要积极组织大学生开展心理健康宣传月或宣传周、心理剧场、心理沙龙、心理知识竞赛等活动,努力开办网上心理健康栏目,经常举办心理健康讲座。将心理健康教育活动融入班级、社团活动之中。结合班级活动、课外活动和社团活动来对学生进行心理健康教育,这是一种较好的教育途径。从一定意义上来说,学校心理健康教育拓宽了学生在学校与班级的活动领域,提高了活动的科学性和有效性。班主任、辅导员可以利用定期举行的主题班会,对学生进行心理健康教育。心理健康教育有自己的目标与内容,不要让心理健康教育被班级、社团的日常活动所取代而丧失自己的特色。要支持大学生成立心理健康教育社团组织,发挥大学生在心理健康教育中互助和自助的重要作用。

### 2. 开设心理健康教育课程

心理素质的提高离不开对相应知识的掌握。系统学习心理、卫生、健康等方面的知识,有助于学生了解心理发展规律,掌握心理调节方法,增强自我教育能力。心理健康教育的效果在很大程度上取决于学生自我教育的主动性和积极性,取决于学生的自我教育能力。因此,高校可开设心理健康教育的必修或选修课,将其纳入教学计划,通过本课程的学习,使学生掌握心理健康的理论,加强心理行为修养,提高自我教育的维护心理健康的能力。

### 3. 举办心理健康教育专题讲座

大学生心理健康专题教育是重点教育,常常通过举办讲座的方式进行。大学生心理健康教育是一个系统工程,心理健康教育专题讲座是一条可以在短时间内有大量受众和就专门问题进行集中演讲的途径,它灵活、高效而有很强的针对性,在大学校园里深受学生欢迎,也是在大学生心理健康教育中比较常见的途径与形式。一场好的心理健康教育专题讲座,能给大学生普及心理卫生知识、促进心灵成长,因此,高校可以经常举办各类心理健康教育专题讲座,以便为大学生的心理健康发展保驾护航。

**4. 努力构建和完善大学生心理问题高危人群预警机制**

学校要认真开展大学生心理健康状况摸排工作,积极做好心理问题高危人群的预防和干预工作,要特别注意防止因严重心理障碍引发自杀或伤害他人事件发生,做到心理问题及早发现、及时预防、有效干预。要建立咨询教师值班制、异常情况及时报告制,建立从学生骨干、辅导员到院系、部门、学校的快速危机反应机制,建立从心理健康教育机构到校医院、专业精神卫生机构的快速危机干预通道。

**5. 组织心理健康教育社团**

在大学有多种心理健康教育的形式,但是,它们都不能取代心理健康社团的作用。学生心理健康社团具有参与性、实践性、自治性、自愿性。在社团活动中,学生的积极性、主动性、创造性比任何形式的心理健康教育都要发挥得好。大学的心理课程教育很短暂,但社团可以帮学生补课。学生在社团活动中,积极参与、经常性参与一些心理健康教育项目,能够领悟、体验到教师授课所不能达到的效果。学生心理健康社团是群体性组织,学生在社团中的互动,有利于他们彼此之间相互认同、相互启发、相互暗示、相互感染、共同成长。同时,社团的活动最主要是能够让同学们不断地挑战自己,更大范围地接触社会,学习做事并学习做人。大学生在心理健康社团的社会实践中受教育、长才干、做贡献,健康成长的效果十分显著。因此,高校可以通过经常组织心理健康教育社团活动来开展大学生心理健康教育。

**6. 坚持个别与团体辅导**

**(1)个别辅导**

个别辅导是辅导教师通过与学生一对一的沟通来实现的专业性的辅导活动,是对存在心理问题或心理障碍的个别学生,提供针对性的辅导或矫治,以缓解学生的心理困惑与压力,并促使学生学会自我调节,从而使个人的心理得到健康发展。

进行个别心理辅导应注意:平等待人,尊重有心理问题的学生的人格,使自己成为这些学生的朋友,这样才能架起沟通心灵的桥梁。慎用测验,科学准确地诊断心理问题。

大学生个别心理辅导有以下几个方法:

心理谈话和咨询。通过心理谈话和咨询,了解个别学生的心理问题现状,在谈话过程中对所了解的心理问题进行解释和辅导,指明克服这些问题的方法。

心理行为训练。针对个别学生突出的心理问题,设计专门的活动对其进行心理行为训练,通过训练达到提高某种心理品质的目的。

心理诊断与心理治疗。对有严重的心理问题(疾病)的学生,建议他们到专门的医疗机构诊治。通过科学的心理测验和诊断,找出影响心理健康的病因,再运用心理治疗方法进行治疗。

(2)团体辅导

团体辅导也称小组辅导,是指一组学生在辅导教师的指导下,围绕他们面临的共同问题,通过讨论、训练等一定的活动形式,使团体成员之间相互启发、诱导,形成共识与共同目标,进而改变团体成员的观念与行为。团体人数可以由四五人到十多人。其成员多为同年级、同龄学生,他们都具有类似的心理困扰。这种途径主要适用于那些有人际交往问题的学生。一个团体通常需要活动十多次,每次活动时间一般为一个课时。

## 7. 把心理素质教育渗透在各科教学中

心理素质的提高有一个过程,不是一蹴而就的。通过各种教学进行心理素质教育既是学校心理健康教育的有效途径,也是各科自身教学发展的必然要求。各科教学过程都包含着极其丰富的心理教育因素,因为教学过程是以社会历史积淀的文化知识、道德规范、思想价值观念为内容和主导的。教师在传授知识的过程中,只要注重考虑学生的心理需求,激发学生学习的兴趣,并深入挖掘知识内在的教育意义,就能够把人类历史形成的知识、经验、技能转化为学生自己的精神财富,即内化成学生的思想观点、人生价值和良好的心理素质,并深深扎根于他们的心中。

# 第二章　学会适应:大学生适应心理问题研究

从中学到大学,每一个大学新生都面临一个崭新的世界。新的学校、新的同学、新的老师、新的学习、新的生活,无论是自然环境还是生活环境,无论是人际交往还是学习方式,无论是个人角色还是社会期望,都发生了很大变化。很多人对大学充满了好奇与幻想,脑海中编织着一幅幅美丽图景。然而,真的步入大学校门,开始新的生活之后,种种困惑和不适很快驱散了最初的激动与振奋,茫然、焦虑、苦恼、无助笼罩在心头。大学生如果不能很好地调适自己,就很容易让各种适应心理问题影响自己,使自己出现适应障碍。因此,大学生一定要正确地认识各种心理适应问题,并掌握各种积极有效的应对策略,以帮助自己尽快地适应大学的学习和生活。

## 第一节　适应心理的内涵

### 一、适应的概念

适应,是大自然的重要生存法则。《中国大百科全书》中"适"字的一个释义是:"适合"。《后汉书·荀爽传》:"截趾适履",将"适"引申为适应。颜师古注:"适,当也,谓事理当然。"现代《新华字典》中"适"字其中的一个含义为:切合,相合。根据朱智贤主编的《心理学大辞典》的解释,适应本是生物学中的一个词,主要用来表示能增加有机体生存机会的那些身体上和行为上的改变。早在 19 世纪,英国生物学家达尔文就通过长期观察和调查研究,得出了生物界著名的进化规律——"适者生存"和"用进废退"。

"物竞天择，适者生存"是达尔文进化论的基本观点。他认为：最适合于环境的个体将存活下来，并将其有利的变异遗传到后代。现代综合进化论改进了达尔文关于"适应"的定义，用能生存下来并繁殖后代来定义适应，同时用繁殖的成功程度来定义适应度。有的生态学家认为，可以利用其他生物不能利用的环境条件的生物是最适者。心理学中用"适应"来表示对环境变化做出的反应。皮亚杰认为，智慧的本质从生物学来说是一种适应，它既可以是一个过程，也可以是一种状态。我国学者贾晓波也曾对"适应"进行过阐释，他认为适应就是当外部环境发生变化时，主体通过自我调节系统做出能动反应，使自己的心理活动和行为方式更加符合环境变化和自身发展的要求，使自己与环境达到新的平衡的过程。近年来，适应已经是心理健康教育开展过程中经常涉及的一个重要概念。

适应，是生物特有的普遍存在的现象，是指生物在竞争环境中适合环境条件而形成一定性状的现象，如生物的结构大都适应于一定的功能，而生物的结构与其功能适合于该生物在一定环境条件下的生存和繁殖。这是自然选择的结果。一切有生命的有机体都以适应作为生存的基本任务。动物的适应是被动的，他们通过改变自身去适应大自然。人本身就是生物的一种，是高度进化了的生物。但人所处的环境主要是人类自己创造的社会文化环境，人的适应在本质上是人与环境相互作用的过程。对于单个人来说，他要生存，首先要适应他生存的环境，包括自然环境和社会文化环境。在许多情况下，社会环境的力量太强大，个人把握环境的能力有限，他无法选择，也不能拒绝外部强加于他的生活条件，这时，个人只能主要依靠调整自己来适应环境，以获得生存。人生存是为了更好地发展，人适应环境是为了创造出更利于自己发展的新环境，发展是目的，但为了发展，首先要生存、要适应，因此适应是人类生存和发展的前提。另外，人所处的客观环境总是处于不断的运动变化之中，因而适应只是相对的、暂时的，人需要不断地调整自己，使自己和环境处于一种和谐、相适宜的状态。从这个角度来说,适应是人的一种需要,这种内在的、独特的需要,使人的适应成为一种自觉的、能动的适应。

## 二、适应的类型

（一）依据适应对象划分

按照适应主体及适应的对象不同,适应有以下四种基本类型。

1. 生物适应

适应的主体泛指所有生物,包括植物、动物、人类等。适应的对象主要是生存和生长的自然环境,如生物群体通过遗传和变异适应新的环境条件、生物个体的水土适应等。

2. 生理适应

适应的主体为动物,主要是人类,适应的对象主要是主体所在的物理环境。例如,人对冷热的适应、视觉分析器的明适应和暗适应、在噪声作用下听觉钝化等。

3. 心理适应

心理适应是指在心理上达到认知和情感上平衡状态的适应,心理适应主要体现的是主观幸福感。适应的主体为人,适应的对象为人生存的环境。心理适应是人的适应的核心。

4. 社会适应

社会适应是人对所处的社会环境的适应,适应的主体是人,适应的对象是人所处的社会环境,如个体对加入新集体、进入新环境、学会新工作、开始新生活等的适应。心理适应是社会适应的基础。社会适应是心理适应的外在表现。

（二）依据适应方向划分

心理学家沃尔曼依据适应方向将适应分为消极适应和积极适应。

1. 消极适应

消极适应是个体改变自己的行为或态度以适合外部环境的要求，是人与环境的消极互动过程。在这一过程中，个体认同、顺应了环境中的消极因素，压抑了自身的积极因素及自身的潜能，违背了人的心理发展方向。其结果是环境改造了人，而人未发挥自己对于环境的能动作用。

2. 积极适应

积极适应是个体在客观环境中积极主动地调整自己与环境的不适应行为，增强个体的主动性、积极性，使自身得到发展。任何环境中都存在着有利于个人成长的积极因素和不利于个人成长的消极因素。积极适应就是要正确地分析自身的特点及环境的特点，从对这两者的分析中找到自己的生长点。

积极适应是一种健康的适应。它有两层含义：一是改变自己以顺应环境或环境中的某些变化；二是不断地选择和抗争，从一个目标走向另一个目标，这是发展的适应。可以说，个体成长发展的过程就是一个不断适应新生环境的过程。

心理学家马斯洛在谈到成长与环境的关系时说："环境的作用最终只是允许他和帮助他，使他自己的潜能现实化，而不是实现环境的潜能。"①也就是说，每个人都存在着潜能，环境只是才能发展的条件，而不是"种子"。潜能发挥的重要条件是个人的实践，个人在具体环境条件下能动地活动。将环境中的有利因素和个性中的积极因素统一在自己能动的实践活动中，人就获得了一

---

① 孙慧金，冯丽霞．心理健康与保健［M］．北京：清华大学出版社，2013：27.

种积极的适应。

### 三、适应的心理机制

适应的心理机制是由三个基本环节组成的:一是对环境的认知调节;二是进一步构筑自身的态度转变;三是在新的价值观念指导下在实际行为选择中调整自身的需求、动机和情绪,达到与环境的和谐一致,从而达到适应。

(1)个体对环境的认知,它是适应的心理基础。在社会激烈变革的时代,社会环境会发生深刻变化。压力是个体与环境交互作用的结果,而环境的变化是否对个体产生压力以及该压力对个体产生多大的影响,这往往取决于个体的认知评价能力。

(2)进一步构筑新的价值观念,以规范心理适应机制。个体在认知基础上,通过新环境的反馈,进一步调整已有的价值观念,形成与新环境协调的价值观念,形成与自身价值观念相符的反应模式。

(3)在新的价值观念指导下,个体的心理需求、动机和情绪等心理机制都会做出相应的变化和调整,以使自己的行为符合环境的内在要求,从而和谐发展,达到适应。

人生活在纷繁复杂、变化多端的大千世界里,一生中会遇到多种环境及变化。因此,一个人应当具备良好的适应能力。无论现实环境有什么样的变化,都将能够适应,这也是心理健康的标志之一。

### 四、适应心理的理论基础——应激理论

应激是个体面临或觉察(认知、评价)到环境变化(应激源)对机体有威胁或挑战时作出的适应性和应对性反应的过程。现代应激理论认为,应激是机体对应激源应答反应的综合表现,是机体在环境适应过程中实际上或认识上的要求,与适应或应付能力间不平衡所引起的身心紧张状态。应激反应结果可以是适应或者是适应不良。人在长期持续性应激或超常应激情况下表现出

的适应不良的状态称为"应激效应"，这种效应常表现出不同的生理、心理或社会的功能障碍或紊乱。

（一）应激与心理应激

1936 年，加拿大心理学家塞里（H. Selye）首次提出了应激概念。他认为，应激就是指机体对伤害性刺激的非特异性防御反应，是机体对环境做出的适应反应的一种非特异性全身适应综合征。1968 年，拉泽鲁斯（R. S. Lazarus）提出了心理应激的概念，认为心理应激是指人对外界环境有害物、威胁、挑战经认知、评价后所产生的生理、心理和行为反应。之所以产生应激状态，主要有两个方面的原因：一是已有的知识经验与面临事件提出的新要求不一致，没有现成的办法可以参考，需要进入应激状态；二是已有经验不足以应付当前的境遇而使人产生无能为力的失助感和紧张感。

应激能引起一般适应综合征的发生。这种症状一般分三个阶段。

第一，警觉阶段。这是应激初期，主要表现为交感神经兴奋，肾上腺素分泌增加，心率上升，血糖和胃酸增加，机体处于适应性防御状态。

第二，阻抗阶段。在此阶段，有机体提高代谢水平，动员保护机制以抵消持续的情绪紧张。

第三，衰竭阶段。在此阶段，紧张持续，有机体的适应能力全部耗尽，出现适应性疾病。

从上述可以看出，应激状态在很大程度上影响着人的生理、心理和社会活动。在有些情况下，应激引起身心紧张，有利于个体全力解决紧急问题，同时，维持一定的紧张度，保持高度警觉，有助于认知功能的发挥，使人做出平时做不出的大胆判断和动作。但是，在有的情况下，应激所造成的高度紧张会阻碍认知功能的正常发挥，导致人们感知、注意产生局限，思维迟滞，大大削弱人们正常处理事件的能力。

（二）应激反应

当个体觉察应激源的威胁后，就会通过心理和生理中介机制产生一定的反应。目前，对应激的研究有很多，归纳起来，应激反应主要表现为以下几种。

1. 认识反应

一般来说，轻度的应激状态能够增强个体的感知活力，活跃个体的思维，但强烈的应激会对个体的认知活动产生不良影响。这些不良影响常常表现为注意力不能集中、记忆力下降、逻辑思维能力降低、对事物的判断和抉择发生困难。而这些又会使个体出现感觉过敏或歪曲、思维或语言迟钝或混乱、自知力下降、自我评价降低等现象。

2. 情绪反应

应激可能会使人出现焦虑、恐惧、愤怒、抑郁等多种不良情绪。其中，焦虑是心理应激下最常见的一种情绪反应，是一种预期会出现不良后果的复杂的情绪状态，包含恐惧、担心。适度的焦虑可提高人的警觉水平，以适当的方式应对应激源，有利于个体适应外界环境的变化，但过度的焦虑能破坏个体的认知能力，使人难以做出符合理性的判断和决定。

3. 行为反应

伴随应激的心理反应，个体在外显行为上也可能发生某些变化。通常而言，在应激状态下，个体的行为会表现为"战"或"逃"两种类型。"战"主要表现为接近应激源，分析现实，研究问题，寻找解决问题的途径。"逃"则是远离应激源的防御行为，主要可表现为攻击或敌对，其心理基础是愤怒、怨恨。攻击的对象可能是物，也可能是他人，也可能是自己。通过攻击行为把能量释放出来，个体的心理压力就会得以减轻。

#### 4. 自我防御反应

自我防御反应是潜意识的。其常常是个体面对环境的挑战，借助自我心理防御机制，对自己的应对效果作出新的解释，如否认、升华、转移、合理化、幽默等，以减轻应激所引起的紧张和内心痛苦。

在现实生活中，应激事件是普遍存在的和难以避免的。有些人遭遇应激事件会产生强烈的反应，甚至导致疾病，而有些人在同样的应激环境中则适应良好。这说明个体对应激源的反应方式和强度存在很大的个体差异。一般认为，应激强度的大小与人的认知评价、人格因素、应对能力和社会支持等有关。

### （三）影响应激反应的因素

#### 1. 认知评价

认知评价指个体对应激事件所抱有的态度和信念，与个体的文化教育、价值观念、行为准则密切相关。对同一类应激源，可因个体对事物的认知、评价、体验和观念的不同而存在很大的差异，并表现出不同的情绪反应和生理反应。拉泽鲁斯曾首次提出威胁性评价的概念。他认为，凡被知觉为有威胁的事件均可导致应激反应。

#### 2. 人格因素

个体的人格特征会影响其对环境的适应能力，也决定个体对应激源的反应方式和强度。内向型性格的人在应激状态下多表现为冷静、沉默或压抑，而外向型性格的人则多表现为愤怒、痛苦或高兴。另外，人格体系中所包含的认知、行为控制等成分也会对个体的应激反应产生较大的影响。

#### 3. 应对能力

面对应激事件，每个人的应对能力是不同的。应对能力高，则出现不良应激反应的概率就小。一般来说,恰当评估应激事件和自己的应对能力,合理运用心理防御机制,能较好地适应和应对应激源。过高或过低估计自己的应对能力,或对应激事件缺乏足够的心理准备都不能很好地应对应激事件。

### 4. 社会支持

社会支持是指在应激状态下,个体受到来自社会各方面的心理上和物质上的支持或援助。当一个人遭遇应激或不幸时,家庭、亲友、同事及社会各方面的关心、支持和理解可以有效地降低或缓解其应激反应的强度。有研究指出,缺少或不能很好地利用社会支持系统的个体,当面对同样强度的应激刺激时,往往会表现出各种不适应状况。

## 五、心理适应的标准

良好的心理适应是心理素质结构的重要组成部分,是个体在与周围环境相互作用、与周围人们相互交往的过程中,以一定的行为积极地反作用于周围环境而获得平衡的心理能力。考察个体适应是否良好,通常从三个方面来制定标准:一是从社会适应的角度,二是从生活适应的角度,三是从经验的角度。

### (一)社会适应标准

心理适应的社会适应标准,是指以社会常模为体,以社会适应为用,在社会常模的基础上衡量人的心理和行为是否完善。人生活于一定的社会文化环境中,心理与行为必然受到所在社会文化与环境的影响。当个体的心理与行为能够融入所处环境中时,他的心理是正常的,当个体感觉到自己很难融入所处环境中时,他的心理就会出现困惑或者他的心理与行为不为周围人所理解。社会适应标准具有一定的时代性、阶级性和文化差异性,如同性恋爱、同性婚姻,一直是一个饱受争议的问题,一些国家给予肯定、支持,但包括中国在内的绝大多数国家是不认可、不支持的。

因此,社会适应标准并非是一成不变。

（二）生活适应标准

生活适应标准,是指个体的心理与行为符合社会生活的公共规范和准则,能根据环境条件及其变化,有效地发挥其心理机能,通过适当的行为适应和改造环境,满足自己生存和发展的需要。这个标准也有一定的相对性,如个体对环境有一定的畏惧感,对事物毫无兴趣,言语行为减少,形影相吊,即使他遵守社会生活的公共规范和准则,也不能算是心理适应和心理正常。

（三）经验标准

经验标准,是指凭借专业知识来鉴别对象的心理是否适应生活,这是以一般人对常态的、已有的经验作为出发点和参照点的。这一标准具有较大的主观性,常受测试者的专业水平、经验和能力的制约,不同的人对同一个被测试对象可能会产生不同的看法。

综上所述,人们是很难找出一个完美的、客观一致的心理适应标准的。在实际生活中,可以将上述标准综合起来判断一个人的心理适应是否良好。

## 六、大学生适应中的应激源

心理学将由外界刺激引起生理、心理和行为的反应称为应激反应,应激反应是一种适应性反应。通过应激反应,使社会成员在新的条件下达到心理上的平衡和行为上的适应。引起应激反应上的刺激因素则为应激源。研究表明,各种理化的、生物的、文化的、心理的、社会的刺激,以及各种生活事件都可以成为应激源,只是对于不同的人群、个体、情境所引起的应激反应的强度不同而已。

大学生适应中的主要应激源归纳起来主要有三大压力和四大问题。

（一）三大压力

（1）学习压力。学生以学习为主,学习成绩的好坏,在一定程度上成为评价一个学生优劣的标准。社会的竞争体现在大学生身上,主要是学业的竞争。一方面,大学生要完成繁重的学习任务,承受考试的压力;另一方面,为了适应将来社会的需要,又要参加各种各样的技能培训班。担心考试不及格往往造成学生在考试前后的紧张不安、焦虑和恐惧。

（2）经济压力。我国高校实行缴费上学,由于社会生活水平的变化,大学生所缴费用与上学的花销逐年增加,经济困难成了一部分学生尤其是贫困生的压力源。

（3）就业压力。随着大学生就业实行双向选择,不少大学生深感择业、就业的压力。不少新生从高年级学生身上感受到就业的压力,也为自己的前途感到焦虑、担忧,不知所措。

（二）四大问题

（1）学校生活环境与生活习惯的适应问题。
（2）自我认识与评价问题,即如何在新的集体中对自己有一个正确的认识和准确定位。
（3）人际关系问题。
（4）恋爱与异性交往问题。

## 第二节 大学生常见的适应心理问题分析

### 一、大学生常见的适应心理问题

当环境发生变化时,个体就会出现许多不适应的心理问题。对于大学生来说,从高中步入大学以及从大学踏入社会,是人生的两个重大转折,无论是学习环境、生活环境、人际环境还是心理环境都发生了很大的变化,相应地,适应问题已经成为摆在大学生面前的重要话题。从空间来看,在不同群体的大学生中适应不良程度表现不同。其中贫困大学生的心理适应不良表现尤为突出,常常表现为环境不适应、学习不适应、文化不适应、心理不适应等。其中,心理不适应方面,很多贫困大学生有不平衡心理,对家庭和社会有所抱怨,对其他同学有所排斥。他们表面上显得很自强、很理智,但事实上内心很脆弱、很自卑。贫困大学生的适应需要一个过程,在这个过程中,一部分人由于其改变和适应没有很快得到理想的回报,变得十分消极,不再试图改变自己,有的采用不恰当的改变和适应方式,结果是适得其反。从时间来看,在不同年级的大学生中往往表现出不同的适应不良状况。适应不良在大学新生和毕业生中表现得尤为突出。

（一）大学低年级学生的适应心理问题

低年级学生就是指刚入学的大学新生。通过调查,相当比例的大学新生认为,最烦恼的问题主要有:对环境不适应,感到孤独和寂寞;学习上不适应,心理压力大;人际关系不适应,感到同学之间、师生之间没有在中学时那么融洽。大学新生的心理适应问题主要可以归结为以下几个方面。

1. 环境适应性问题

环境不适心理是个体由于不能适应陌生环境而产生的一种复杂、综合、不愉快的情绪体验。入学前,许多学生为了应付考试,全身心地投入到学习之中,父母也为此给予了无微不至的关怀,依赖性强,缺乏必要的生活经验与处理问题的能力,自理能力较差。面对生疏的人群和陌生的环境,他们不知如何去应对、去策划、去操作,从而产生孤独、焦虑、不安和沮丧等心理问题。从具体表现上来说,大学新生的环境不适主要表现在自然环境的不适和人文环境的不适两个方面。

（1）自然环境的不适

与中学校园相比,大学校园的面积一般比较大,机构众多,属于一个小社会;而且我国大多数高校采取的是住宿制。这就意味着个体进入大学就要进入一个陌生的环境,过集体生活。此外,大学多建立在大中城市,外部环境相对复杂。很多新生不能很快熟悉环境,不能做到很自如地在新环境中活动。尤其是习惯了农村生活环境的大学生到了喧闹的城市后,环境变化巨大,难以一下适应都市生活,很容易产生压抑和自卑感。

(2)人文环境的不适

大学往往都拥有深厚的人文底蕴,独特的文化内涵,学生们在校园里享受着知识与校园文化的熏陶,这是大学的一项资源与财富。但是,也有一些学生无法从这种人文环境中获得自己需要的养料。例如,大学里要求上课与日常交流都要使用通用语言——普通话。这种语言环境使得部分普通话基础不好的学生产生了不适感。尤其是一些来自偏远地区方言很重的学生,别人经常听不懂自己的话,觉得尴尬甚至遭到别人的嘲笑,更加不敢开口,上课不敢提问与发言,压抑了与人交流的欲望。

大学一般有丰富多彩的课外活动与社团组织。有不少大学生都根据自己的特长参加了各种社团,天天有各种各样的娱乐活动。然而,也有一些学生看别的学生积极地参加,自己虽然也想参加,但不知自己的特长是什么,不知道自己喜欢什么,于是因一时找不到位置而迷失其中。

大学生活对独立生活的要求很高,自我管理意识与能力更加重要。大学生大多远离家乡与父母,中学老师一切包办的管理模式也不复存在,师生关系相对疏远,同学关系相对复杂,一切事情从学习到吃住到人际关系都要自己选择、安排、解决。于是,一些独立能力差依赖性强的学生就出现了不适感。

2. 学习的适应问题

中学教育属基础教育,教学内容基本上是围绕高考而展开的,在教学方式上以课堂灌输为主,整个学习过程都依赖教师的安排,学生处于被动的学习状态。大学教育则强调自主学习,注重学生独立思考与创新能力的培养。大学生的学习内容不再像中学那样仅仅是学习各学科的基础知识，而是在中学学习的基础上，大大增加各学科的知识广度和深度；大学生的学习性质不再像中学那样都是掌握现成的知识，而是要在掌握知识的同时，探索知识的形成过程、知识获取的方法以及各学科中存在的理论和实践问题；大学生的学习形式不再像中学那样局限于课堂教学，而是更加丰富多样，听学术报告、查阅资料、外出考察、参加实习，进行社会调查、社会服务等都是大学学习活动不可缺少的形式；大学生学习活动的组织管理不再像中学那样主要依靠老师的指导和督促，而是以自我组织、自我管理为主，从学习时间到学习内容都有较大的自由支配的余地。许多新入学的大学生，面对上述学习活动的变化，由于缺乏必要的过渡而不能很快适应变化，久而久之就会带来一定程度的心理压力，表现出厌学、紧张、自卑等消极的心理状态。

### 3. 自我认知的矛盾问题

多数大学生在中学时代是学生中的佼佼者，他们通常受到老师的关爱、同学的敬重，自我感觉良好。进入大学之后，面对从四面八方汇集而来的优秀学子，发现周围同学在学习及其能力方面都比自己强，明显觉察到自己的不足，以前所有的那种优越感荡然无存。面对理想与现实的冲突，有些同学开始怀疑自己的能力，并产生了某种程度的失落感与自卑情绪。当在学习和生活中遇到一些小的挫折时，他们往往不能正视现实的矛盾，采取逃避或对抗等消极态度，如悲观、失望、怨天尤人、嫉妒等。

还有一部分大学生在角色地位的改变中不能准确地认识自己，给自己一个较合理的定位，从而出现了自我认知不当问题，有的是自我认知偏高，有的则是自我认知偏低。偏高的自我意识往往使个体高估自己，自以为是，在人际交往中骄傲自大、以自我为中心，强求别人的认可和尊重。而偏低的自我意识则容易滋生自卑感、羞辱感，增加个体的心理压力，消极退缩，自我封闭。当封闭的内心不能承受高压时,他们又变得暴躁易怒、愤世嫉俗,甚至倾向于采取攻击行为。

### 4. 期望与现实不相符的困惑

每个人都有自己的梦想和追求,特别是对于青年大学生来讲,大学是实现理想的至关重要的一环。然而在高考选择专业时,由于家庭、社会、就业等各种因素的影响,有些大学生所选择学习的专业与他们的兴趣、性格和能力优势并不相符,经过一段时间的学习以后,依然无法建立兴趣、无法适应学习。此外,大学是多数大学新生心目中的神圣王国,在进入大学前,他们往往在头脑中已经勾画出一幅色彩斑斓的理想蓝图,跨进大学校门后,起初对陌生的校园产生一种新鲜感,一段时间过后,就会发现现实中的一切并非如想象的那样完美无缺、尽善尽美,现实中的大学生活环境与美好的想象存在着相当大的反差。在招生简章上大学的建筑颇有气派,但到了眼前却是十分平常,甚至有的已经陈旧,有的宿舍条件还不如自己原来就读的中学。大学教学条件也往往使新生产生不适之感。大学不像中学那样,学生往往没有自己班级固定的教室,没有固定的座位。上公共基础课,常常是不同专业甚至不同院系的同学一起上大班课。总之,这些反差引起了大学新生深深的失落之感。有不少学生由热情转化为消沉,由希望转化为失望。

### 5. 目标失落引起的迷茫心理

大学新生没有进入大学之前,高考就是奋斗的目标,生活紧张而充实。上了大学,没有了高考的目标,学什么、怎么学几乎都由自己做主,一时间适应不过来,也不知所措。这种无目标、无动力的情况,使相当一部分学生在最初的大学生活的新鲜感过去之后,产生一种莫名的迷茫,行为上表现为一种"无目标状态",情绪上有明显的郁闷、不适感。多数学生进入大学后,需要相当长的一段时间进行摸索和适应,然后才能从彷徨中找到自己,建立起升学目的之后的高层次目标。在新的目标尚未建立之前常出现情绪低落、彷徨迷失的现象,这在大学新生中是比较常见的。

### 6. 自理生活能力较差,"恋家"情绪严重

不少大学新生从童年到进入大学前,都是在老师和家长无微不至的关怀中度过的,生活上养成了饭来张口、衣来伸手的依赖性。进入大学后,他们从中学时代那种被家长、教师管束的状态中"解放"出来,这种环境的改变,角色的转换以及年龄特点,使广大新生产生独立自我意识,他们希望摆脱依赖,按自己的意愿去做自己该做的事。但有些新生生活自理能力差,不能适应环境的改变,他们不能较好地处理生活中的一些问题和困难,不会管理生活,不会管理钱物,不会管理时间,甚至对一些最基本的生活问题束手无策。他们怀念旧友、怀念中学、怀念父母,一些新生更是无法从心理上摆脱对家庭和亲人的依赖,总感觉还是"家里好",出现严重的"恋家"现象,有的人会哭泣,也有个别的甚至想退学。

### 7. 人际交往的困惑

远离父母的孤独、陌生的环境使大一新生对"人际交往"产生了前所未有的渴求。来自五湖四海的同学、朝夕相处的寝室室友、不同年级的老乡、不同院系学生组织的校内社团组织,使大学新生的人际交往环境一下子变得复杂多样,分数已不再是唯一的追求目标,其思考的内容更为丰富,对人际交往中的细节也更为在意,但人际交往能力非常欠缺。几个因素交错叠加,使人际交往引发的心理不适在大学新生中表现得特别明显,主要表现在以下几方面:

(1)人际猜疑心理。大学新生在人际交往中常有猜疑心理。例如,被老师批评怀疑是知情人打小报告,评先进未成怀疑有人暗中捣鬼等等。

(2)人际嫉妒心理。这种心理问题的突出表现就是对他人的长处、成绩心怀不满,报以嫉恨,看到别人冒尖心里不服气,总是

希望别人比自己差。

（3）人际羞怯心理。这种心理主要是指一个人过多地约束自己的言行，从而使得他无法充分地表达自己的思想感情，阻碍了正常交往的心理现象。其实，一个人有一定的害羞心理，这也是非常正常的。但是如果一个人在任何场合与人交往都害羞，甚至不敢或不愿与人交往，那么这就成了交往心理问题。大学新生刚进入大学，面对全新的人际关系，通常具有这种心理，站在陌生人面前，总感到有种无形的压力，似乎自己正在被人审视，不敢迎接对方的目光，感到极难为情。

（4）社交恐惧心理。一些大学新生在交往活动中会经常性的惊慌失措、局促不安、无所适从、自我迷失；害怕被介绍给陌生人，会尽可能回避去公共场所；而有的是只对某些特殊的情境或场合特别恐惧，如害怕当众发言，当众表演会感到极度的恐惧。社交恐惧往往会伴随一些躯体症状，如口干、口吃、脸红、出汗、心跳剧烈、轻微颤抖等。

（二）大学中年级学生的适应心理问题

大学中年级学生经历了入学之后的种种不适应和困惑，经过调整，心态有了较大变化。入学时的种种不适应已基本消除，各方面的关系已趋于稳定，但他们依然会遇到一些新问题、出现一些新情况。

1. 学习、生活的再适应问题

随着知识的增长和眼界的开阔，大学生与社会现实不断贴近，于是他们便发现，理想中不切实际的幻想成分太多，人生理想与奋斗目标需要调整和重新确立，于是又出现了各种难以适应的问题。或者重新定位发展方向，或者在时间安排上科学计划，或者在学习内容的选择上科学把握等。

2. 情感的心理适应问题

在大学中年级学生中间，恋爱已经成为普遍的现象，而许多中年级大学生在情感方面都感到一些说不清道不明的心理困惑。有的会错误地认为恋爱就是性、性就是恋爱，甚至把握不住自己，酿成恶果，给身心带来损害；有的会为自己还没有恋人而自卑，认为自己对异性没有吸引力，认为别人瞧不起自己，不敢坦然与异性交往，更怕在异性面前失误，只好回避与异性接触，并极力掩盖内心深处的痛苦与失落。

### (三)大学高年级学生的适应心理问题

大学高年级学生临近毕业，大多会面临适应社会不良的问题。大学毕业生面临着就业这一人生道路上的重大抉择问题，大学生在几年的大学生涯里无不考虑自己未来的职业和前途，他们在求职择业过程中必然会遇到各种各样的心理压力与冲突，会出现消极的情绪反应和心理失衡，产生求职适应性障碍。有部分大学生毕业后因不能顺利地完成从大学生到社会人的角色转换，以致不能很快地适应社会生活。大学毕业生的适应问题主要有以下几点。

#### 1. 知识结构与社会需求不符

一方面，大学生们普遍只注重完成学校安排的必修任务，只注重知识的增长和学历的提高，而忽视个人能力的提高。另一方面，随着社会的发展、科技的进步，要求劳动者不仅成为智能型、复合型的劳动者，而且要成为社会型和创造型的劳动者。于是，大学毕业生的知识结构与社会需求不符的矛盾突出，学生面临择业难的问题，往往处于高不成、低不就的尴尬境地。

#### 2. 实践操作能力与社会需求不符

现在的大学生从小缺乏实践锻炼的机会，偏重成绩、分数，认为只要考试成绩好了就可以拥有一切。对于从小就有着优秀成绩的大学生来说，他们总以为自己是能人干将，眼高手低，但除了学习又不知道自己想干什么、能干什么；总以为自己志向远大，不愿意屈身于没有名气的部门和单位,都想找一家比较"牛气"的单位。在高眼光的背后,一些大学生其实并不具备高能力,他们错误地估计自己,给自己的目标定位过高,不愿意从底层做起。

除上述两种情况外,还有大学生盲目求职,与用人单位高要求的矛盾,就业意识、就业方式与发展趋势的不适应,等等,具体内容本书后面相关章节将进行详细的阐述,这里不再展开。

对处于求职择业阶段的大学毕业生来说,过度焦虑是一种比较突出的适应性障碍。引起焦虑的主要问题有:不能找到一个理想的单位怎么办;到单位后不能胜任工作怎么办等。尤其是一些长线专业,或来自边远地区,或性格内向,或成绩不佳的大学毕业生,表现得尤为严重;而过度焦虑往往使大学毕业生们精神紧张、心神不宁、无所适从、心慌失眠、不思饮食,进而演变成为心理障碍。

此外,在职业尚未最终确定之前,大学毕业生还可能会出现急躁情绪,有的匆匆签约,事后又追悔莫及;有的盲目攀比,择业没有明确目标。很显然,这些都是大学生适应不良的表现。

## 二、大学生产生适应心理问题的主要原因

无论哪个阶段的大学生,其出现适应心理问题的原因是多方面的,归纳而言,主要包括以下内容。

### (一)大学生环境适应意识消极

人对环境的态度有两种:一种是积极适应,即在顺应、了解的基础上去选择、抗争、追求。积极环境意识者能够及时调整自己的心理,使自己尽快适应环境后再用自己的行动慢慢地改变环境。另一种是消极适应,即保持保守、盲动,固守常规。消极环境意识者面对环境的变化,采取回归的心态固守舒适圈,抵触危机圈。环境适应不良与对环境的态度密切相关,有的大学生把具有挑战性的新环境当成自己前进的拦路虎,知难而退。而有的大学生却把新环境的挑战当成是锻炼自己的极好机会,因此他们可以

很快适应新环境。意识决定态度,态度决定成败。因此,消极的环境适应意识是导致环境适应不良的重要原因。

（二）传统的基础教育引起的问题

我国目前的传统教育还是以应试教育为主,学生从入学的时候开始,就是以分数来衡量自己在家长、在教师、在班级中的位置的。这样的思想从学前开始一直伴随着学生进入大学校园。而大学更注重的是各种能力的培养,不仅是学生的学习能力,还注重学生的交往能力、领导能力、组织能力等的培养。这种注重方向的突然转变,很多学生一时难以适应,进而引起学生心理上的障碍。

（三）城乡差别较大

农村学生的心理健康水平比城镇学生明显较低的根源在于城乡差别。农村新生同城镇新生相比较而言,过去接触外界较少,进入大学后环境变化大,不能迅速适应。一方面,农村学生自然而然会产生落差。部分学生学习能力很强,但没有其他特长和爱好,容易被冷落、被边缘化,羡慕之余易产生自卑之感。同时,经济困难、城乡差别、个性、能力方面的个别差异等也使一些学生心灰意冷,失去自信心,在一定程度上降低了对自我的评价。另一方面,表现为理想与现实的矛盾。不少贫困山区的学生进入大学前都有很多理想,对大学生活、对人生、对未来有美好的期望。但当他们将理想付诸行动时,发现理想与现实差距较大,进而对现实不满,自我否定,由此形成的心理冲突。

（四）对大学环境期望过高

上大学是很多有志青年的理想。大学新生在升入大学之前,由于自身对现实的社会生活和大学环境了解不多,就会抱有很多不切实际的幻想,但当他们真正踏入大学的新环境以后,现实生活的苦恼往往与过去富有理想色彩的高期望形成强烈的反差,他们深感大学的校园还有不少地方不尽如人意。不少新生深感大学生活并不轻松浪漫,这样一来,理想和现实的冲突导致不少大学新生产生挫折感和失落感。希望越高,失望越大,不适感越强。因此,对大学环境过于理想化的高期望是导致环境不适的又一主观原因。

(五)大学环境较中学复杂多变

同中学相比,大学的客观环境和人际环境都存在很大的差别。可以说,大学是个准社会,人际环境更复杂,学生的交往面更宽,交往的难度更大,人们对大学生的要求更高。在适应环境的幅度和难度上有着明显的个体差异,但所有大学生都必须完成客观环境的改变、人际关系的改变、对自己认识的改变三个方面的适应过程。同时这一过程还包括逐渐从过去熟悉的环境中解脱出来,逐渐摆脱过去环境中所形成的各种期望以及生活方式、思维方式和行为方式,以适应新环境的要求,这对于初入大学的新生来说也就很容易产生不适应的心理问题。

(六)生活习惯的不适应

在生活环境上,大学的生活环境与中学相比发生了很大的变化,如南方、北方学生的倒位就学,饮食方面的显著差异和生活习惯的不同都会让大学生产生不适感。比如,四川、湖南人喜爱吃辣,江浙人偏爱甜食,而广东、福建人则喜欢清淡菜;北方人喜欢吃面食,而南方人爱吃米饭;气候的差别,如北方少雨,而南方则多雨,春秋可能会阴雨连绵。陌生的生活环境会给新同学的生活带来许多不便,容易造成部分学生的环境应激。如果他们不能在短期内顺利适应,便会影响其正常的学习、睡眠等活动,从而形成心理问题。

(七)自身能力缺陷

能力缺陷也是导致一些大学生不能很好地适应新环境的内

在因素。一般情况下,影响大学生适应新环境的能力缺陷主要有以下几种:

第一,独立生活能力不强。大学生远离父母,自己的衣食住行需要依靠自己的力量安排和料理,而独立生活能力差的学生就很难适应独立生活的要求。

第二,自控能力较弱。大学实施自主管理模式,自控能力弱的学生不能严格遵守大学的作息时间,不能很好地安排自己的学习,也很难控制自己的情绪,调整自己的心境,他们就容易陷入被否定的困境。

第三,人际交往能力较差。大学生能够积极主动地进行人际交往,但在不同阶段交往的频率、深度和稳定性都有很大变化,具有起伏性的特点。大学生的人际关系受到所处的生活环境、身心特点以及未来职业等因素的影响。而如何与来自不同家庭、不同社会背景的人相处,是一些大学新生人际交往障碍的主要原因。由此而引发的人际矛盾和心理不适,往往给一些大学新生带来许多烦恼。这在大学生的心理问题中占有很高的比例。另外,有不少新生不能适应新的师生关系,也不知如何处理与异性的关系,有的新生受习惯心理影响,对男女交往过分敏感,从而使正常的异性交往不能自然进行,甚至相互隔离。这些学生大都会出现因人际关系失调造成的焦虑不安、心慌意乱、孤单失落、寂寞失眠、注意力分散甚至社交恐惧等症状。

### (八)缺乏实践经验

大学生与社会接触少,社会实践经验匮乏。当然,学校也是社会的一部分,但由于其生活模式的独特性,在获得社会实践经验方面具有明显的局限性。首先,中小学的生活模式是以家长和教师为支柱的,家长和教师不支持甚至限制学生去接触社会。这无疑在学校通向社会的门前增添了一道栅栏。其次,学校传授的理论脱离实际,科目繁多,作业过重,学生应接不暇,根本无从接触、经历社会的人和事。

大学的学习内容和方式有了很大改变，给个体的充分发展提供了条件，学生似乎比过去轻松了许多。但是，低年级大学生需要适应新的生活环境和学习方式，加上还未涉足专业知识，他们参加社会实践活动的条件还不具备。高年级大学生虽然对专业知识有所了解，但对学校组织的社会实践活动兴趣不浓，即使参加专业实习，也由于机会太少、障碍较多以及其他原因，效果并不理想。

（九）社会期望值过高

社会对于大学生的期望反映在国家、家庭、社会和大学生自己等方面。首先，国家为大学生规定的培养目标是"高级专门人才"，家庭则期望受过高等教育的子女有更高的地位和更优厚的待遇。国家和家庭对大学生都抱有很高的期望。其次，一些大学生对自己也有很高估价。在受到家庭的宠爱、社会的重视和同龄人的羡慕之后，有的人在心灵深处以青年中的"精英"自居，期望社会给他们更多的偏爱，提供更优越的条件。一旦社会满足不了他们的欲望，便满腹牢骚，产生极大的心理失调。过高的期望值不利于大学生正确进行自我评价，也不利于其心理健康水平的提高。

**三、大学生适应的心理误区**

大学生适应的心理误区，突出表现在以下三个方面。

（一）习惯了就是适应

传统的观点认为习惯就等于适应，即一个人对所处的环境满意，工作顺手，感觉良好，便是适应良好。但是用变革的观点来看，未必是真的适应良好，而且很有可能成为自我发展的束缚。心理学家认为，习惯是人的潜能发展的大敌，因为大部分人在一个环境待久了，会形成一套固有的思维习惯和心理上的惰性，如果不去主动地寻求变革，就会墨守成规，限制自己的发展。所以，信息社会、变革时代的大学生不能简单地满足于习惯，而要培养不断适应新环境的能力,充分发挥自己的潜能。

(二)服从就是适应

在传统观念中,适应新环境的思维和行为模式就是顺从。读什么专业,学什么课程,从事什么职业,都是别人规定好的,不用选择,只有服从。这种模式可使大学生的心理减少矛盾冲突,趋于稳定,但也限制了大学生主体性的发挥。服从是被动的,虽然可避免因选择带来的风险、困惑和烦恼,但也失去了更多的自由和更多的发展机遇。因此,大学生适应环境,更应积极主动地面临市场,面对机遇,应对各种挑战。

(三)时尚就是适应

在人们的观念中,还存在着这样的心理误区,即追求时尚、流行就是适应。许多大学生认为,只要跟得上社会的流行趋势,围绕社会的热点、焦点行事就是适应了社会。时尚的、流行的、反映社会生活某方面的新动向、新变化、新形态,更多地满足人们的求新求异心理,但并不一定能代表社会发展的主流和本质。如果盲目追求时尚,缺乏自己的发展目标,反而会适得其反,无所适从。真正的适应是对时尚进行分析,思想与时俱进,行为推陈出新,既了解社会的发展趋势,又明了自己的特长,结合社会需要和个人理想,确定适合自己的发展目标,勇于探索、积极进取、开拓事业新天地。

# 第三节 应对大学生常见适应心理问题的策略

## 一、大学生适应心理问题的应对

(一)一般适应心理问题的应对策略

### 1. 正确认识自我,接纳自我

心理学研究表明,个体对自我的认识和评价,越接近现实,自我防御就越少,社会适应能力就越强;反之,过低评价自己或过高评价自己，常常使自己感到焦虑、不安而产生心理问题。只有客观评价自己，不为自己的缺点而沮丧，也不为自己的长处而自傲，能够扬长避短，乐观自信，宽容豁达，才能促进个性的发展与完善。正确地自我认知、悦纳自我是调整心理不适的关键。全面客观地认识自我，明白"我是谁"，总结自己的优点、缺点是什么，自己追求的人生目标是什么，才能够接受自我、超越自我、完善自我，坦然地面对各种挑战。

2. 采取积极行动

当面对一件事情的时候，无论多么复杂，多么困难，只要你一步一步积极去做，才会一点一点地取得成功，当圆满地完成任务时，也由此获得自信。而如果不去行动，沉浸于自己"冥思"的烦恼之中，就可能永远都不知道自己能否去完成它。对环境的适应同样如此，大学生对新的环境不熟悉、不满意时，也要采取积极的行动，在行动的过程中，逐渐了解并融入新的环境。当你全身心地投入到工作中时，你将不会像往日那样，去琢磨自己的心境，从而摆脱环境不适应带来的孤独、苦闷、空虚的恐惧，慢慢地获得充实和愉快。

3. 合理运用心理防御机制

心理防御机制可以起到缓冲心理挫折，减轻焦虑情绪等作用，并且为人们寻找战胜挫折的办法提供时机。正确运用心理防御机制，可以调解由适应不良引起的心理不适。比如，运用"合理宣泄"，把个人的忧虑、烦恼和不平向自己信任的老师、同学、朋友宣泄一番，可以减轻心理压力。"升华"使你转移或实现原有的情感，达到了心理平衡，同时又创造了积极的价值。

4. 寻找心理咨询的帮助

在大学新生适应不良需要维护和促进心理健康的过程中，大学生除了重视自我调节，重视朋友的帮助、家长的支持、教师的指导,还应该有寻求专业机构帮助的意识。特别是当心理压力较大,心理冲突激烈,自我调节难以奏效时,还应主动及时寻求专业指导。大学新生通过心理咨询,既可以开发潜能,促进自我发展,又可以缓解心理冲突,恢复心理平衡,增进心理健康,健全和完善人格。因此,积极寻求心理咨询的帮助,将有助于大学新生的健康成长与人格的完善。

(二)不同学业阶段适应心理问题的应对策略

大学生应从自身实际出发,充分挖掘自身的潜力,发挥自己的主观能动性,努力更快更好地调整自己的心态使之较快较好地适应需求、进入角色、学会学习、学会交往、懂得就业、懂得生活。具体来说,不同的学业阶段应当把握不同的适应策略。

1. 低年级大学生的心理适应策略

从中学过渡到大学,会给大学新生带来一些压力。能否尽快适应这一重要的环节,不仅直接影响到大学生当前的心智活动和学习效果,还会影响到他们成年期人格的发展。作为一名大学新生,要克服适应心理问题,尽快地适应大学生活,全身心投入学习,可从以下三点入手。

(1)进行角色定位,树立明确的目标

新生入学后要尽快认清自己的角色,树立明确的目标,既要确立近期的短暂目标,也要确立长期的远大目标,有了一个明确而现实的目标,就会使心理指向集中一处,就可以消除新生所面临的迷茫感,就有利于各种心理问题的解决和心理障碍的消除。如果在入学一开始就能向高年级同学咨询,向老师请教,制订一个恰当的总体计划,必将有利于学业的完成和自身的成长。

(2)学会交往,建立良好的人际关系

良好的人际关系有利于大学生顺利完成学业,有利于大学生能力的增强和人格的完善。这方面的内容将在后文进行更多的阐述,此处不再展开。

（3）积极参加社会实践,增强自身的综合素质

当代大学生很少经受挫折的磨炼,抗挫折能力较差。通过积极参加课外社会实践活动（如公益活动、勤工助学活动等）,大学生能够在社会实践中丰富阅历、了解人生、经受磨炼、体会挫折和困难,从而培养良好的意志品质,以期能在环境剧烈变化时胸怀坦荡、从容应对。

### 2. 中年级大学生的心理适应策略

针对中年级大学生的不适应问题,可采取以下策略。

（1）科学把握和利用时间

大学是职场的前奏曲。合理地利用和安排时间成了能否实现大学职业目标的关键。要做好时间上的管理工作,可从以下几点入手。第一,做好大学生活的总体规划,避免学校的上课安排与自己的课外活动安排相冲突。第二,分清事情的轻重缓急,做到有的放矢,力求事半功倍。第三,珍惜"零碎"时间,合理利用周末的时间。第四,充分利用寒假和暑假。

（2）培养健康的恋爱心理行为

大学生恋爱不可避免,而恋爱的过程时常会伴随各种矛盾冲突。这些矛盾冲突的解决有赖于人格的成熟、心理的健全,同样,矛盾冲突的解决状况又会促进或阻碍人格的发展和心理的健全。具体来说,大学生认识恋爱的本质和特征,把握恋爱的原则,正确处理恋爱与学业、恋爱与事业的关系;要培养爱的能力,具有给予爱的能力和拒绝爱的能力,确立恰当的择偶标准;学习掌握性生理和性心理卫生知识,把握健康的恋爱观念和恋爱行为。

### 3. 高年级大学生的心理适应策略

就业、走向社会是大学生学习和生活的归宿,应把握如下适应策略。

（1）科学地评价自己,树立良好心态

在求职过程中,主观评价过高,可能会导致处处碰壁,求职无

路、就业无门；主观评价过低，可能导致信心不足、犹豫不决，甚至坐失良机。因此，毕业生应该了解自己的气质、性格、能力，做到"自知""自明"。只有这样，才能保持良好心态，在求职中抓住机遇，从而避免盲目，减少失败。大学毕业生还不宜把就业期望值定得太高，即使是热门专业的毕业生，也同样要不断调整自我的期望值，使自己的理想更加切合实际，这样才能在激烈的职业竞争中掌握主动权，从而求得理想的职位。

（2）努力转变求职择业观念，适应当前的就业形势

大学毕业生应该主动适应社会主义市场经济的要求，努力克服自身的心理障碍，进一步解放思想，转变观念，勇敢地面对社会的选择。大学毕业生不仅要改变依靠国家和政府的观念，改变一次就业定终身的观念，也要改变就业一步到位的观念，树立"先求生存，再谋发展"的新型就业观念，做好自主就业、多次择业的思想准备。

（3）克服求职择业中的心理障碍

择业是大学生人生中一次重大选择、一次转折，因而给大学生带来很大的思想、心理压力和精神负担，成为困扰莘莘学子的一大难题，也使部分学生产生多种心理障碍，如焦虑、怯懦、自卑、幻想等。其实，择业时只要尽了自己最大的努力，失败也不觉遗憾。抱有这样的心态，各种心理问题就很容易解决。

（4）积极参加社会实践活动

大学生毕业离校前心态复杂、情绪激动，很容易受他人或环境的影响，情感上具有明显的两极性和爆发性，容易出现心理动荡。如果能够有目的地参加一些积极健康的社会实践活动，则有助于调整心态，保持心理健康。

## 二、大学生适应的途径和方法

（一）学会生活

1. 培养良好的生活习惯

（1）早睡早起，合理安排作息时间。

（2）合理饮食，主副食搭配合理，鱼、肉、蛋、奶、蔬菜、水果比

例合适。

(3)讲卫生、爱整洁，勤洗澡、换衣服，勤晒被子、勤打扫卫生。

(4)适当的体育锻炼和文娱活动。

**2. 提高个人财务管理能力**

(1)有计划地用钱。先写下自己每个月的收入数额，减去每个月固定花费，剩下灵活支配的钱，列出财务计划清单，尽量每月按计划用钱，减少冲动性消费，量入为出。

(2)合理消费。合理消费，就是要结合自己的需要和实际能力，综合考虑消费方式和消费水平，保证生活、学习等必要开支，减少不必要开支，把钱用到真正需要的地方，做到合理消费。

**3. 做时间的主人**

(1)守时。严格遵守作息时间，按时作息，上课、开会不迟到，自习、活动不溜号。

(2)惜时。大学课余时间较多，可自由支配的时间多，有的大学生就利用这段时间玩乐，上网、聊天、玩游戏、逛街等。由于放松了对学习的要求，不珍惜时间，等到考试时，只得"临时抱佛脚"。大学生要珍惜时间，就要定目标，为自己的行动指向；要有计划，给出实现目标的具体安排。分利用时间，时间利用得好，就等于节约时间，如看书时间长了，利用休息时间听新闻，休息博闻两不误。珍惜时间要讲究方法。讲究方法等于节约时间，做任何事都要讲究方法。方法得当就事半功倍，方法不得当就费时耗力。因此，必须要有科学的方法。比如，学习理工方面的知识时间长了，可以看一些人文社科类知识，既是休息又是学习，也节省了时间。要排除干扰，要牢记自己的目标，自己所做的一切都要为目标服务。

(3)追求时间效率。大学生要学会高效率地利用时间，善于兼顾学习、生活的各个方面，在全力保证学习时间的条件下，安排好体育锻炼、业余爱好、娱乐休息和社交活动等时间。要根据自已的特点,知道什么事情在什么时间做最有效,什么事情先做,什么事情后做,进行科学合理的安排和有效的管理。

(二)学会学习

1. 尽快熟悉学习环境

新生入学后,首先要了解学习环境,学会利用现有的学习条件和学习资源。在入学之初,要迅速熟悉学校一切可利用的教学设备及辅助设施,如教学楼、办公楼、图书馆、电教馆、实验楼、语音室、电子计算机房、多媒体教室等,并尽快学会运用。

2. 及时确立新的学习目标

目标是人们活动所追求的预期结果,是激发人的积极性使之产生自觉行为的必要前提。目标对人的行为具有定向作用、激励作用和维持作用。没有目标,就没有方向和动力。大学新生应尽快树立新的学习目标,做好大学四年的学习生涯规划。例如,继续深造考研或完成学业后找到一份好工作。无论是哪一种目标,大学生都要根据自己的实际情况,认真地给自己定位,制定一份详细的大学学习生涯规划,并善于将大目标分解成具体详细的小目标。

3. 树立发展式学习理念

树立发展式学习理念就是将学习当成个人终生发展的任务,在不同的人生阶段指向不同的目标,建立客观、合理的评价体系。随着知识经济时代的到来,学习是一个动态发展的过程,学习过程不会再随着学校生活的结束而结束,而是伴随着人的一生,在人生的不同阶段都有相应的学习任务。因此,大学生在大学学会怎样学习,就会为将来的终身学习打下良好的基础。大学的学习在学习内容和形式上都有所不同,要适应大学的学习,就必须客观地认识、了解大学学习的特点和模式,学习应对学业困难的方法和技巧,注意创造能力的培养。只有树立发展式学习理念,明确个人的发展目标,确立恰当的自我评价体系,才有助于克服困难,取得更多的知识,保持心态的平和。

### 4. 调整学习方法

大学的教学模式与中学相比最大的变化是以教师为主导的模式变成了以学生为主导的模式,学生自学能力的培养相当重要。因此,能否养成自主学习的习惯,不仅关系到能否很好地完成大学学业,而且还会影响到毕业后能否不断地汲取新的知识,创造性地进行工作。

### (三)学会相处

在大学里,大学生要面对的人际关系呈现出复杂化的特点,但又往往缺乏交往经验,容易在处理人际关系时出现问题,产生心理负担。对此,大学生要学会接纳、接受他人的生活方式,适应彼此的生活习惯。不接纳他人的人,也无法让别人接纳自己。每个人来自不同的地区、家庭,都有自己的生活习惯、价值观念,有各自的长处,也有缺点和不足。当别人的言行不符合自己的要求时,要学会求同存异,不以个人好恶为标准,承认各人有各人的生活习惯和价值观念。如果针锋相对,寸步不让,不但于事无补,只会把事情弄僵。当然,如果同学的行为确实妨碍了自己,也不必处处忍让,委曲求全。这时,应委婉地提出意见。此外,还可以调节自己的生活方式,自己不习惯又无法改变的,就相应调整计划。

交往的心理和行为是受根本态度支配的。大学生与同学交往的正确态度是诚恳、尊重、宽容。以诚待人,使人产生安全感;尊重他人,使人信赖,获得愉快;对人宽容豁达,赢得真心,增添人格魅力。理解是人际交往的基本需要,宽容是人际交往的一种美德。学会理解、学会宽容是我们处理人际关系的一项重要原则。

异性之间的交往是人际关系的重要组成部分,也是衡量我们交往能力的一个重要标志。社会是由两性构成的,如果大学生不善于与异性交往,或处理不好与异性之间的关系,就会影响大学生活的适应。同学之间的异性交往可以增进相互之间的了解,获得异性的信赖和友谊,还能消除对异性的神秘感,促进男女情感世界的稳定。

# 第三章　端正态度:大学生学习心理问题研究

大学是个体学习的黄金时期之一。学习不仅是大学生未来事业的基础,更是大学生提高和完善自我、促进成长的关键。因此,学会学习就成了大学生最重要的任务。学习心理是指在学习过程中人的心理反应、心理特点及其活动规律。认识和了解人们在学习过程中反映出来的多种心理因素的作用,有助于调动人们的学习积极性,有助于解决在提高技能、发展思维和获得知识等方面的问题,有助于形成健康的学习心理。大学生正处于智力发展的高峰期,在大学期间,其记忆力、观察力、思考力、逻辑思维能力和创造力都会有很大的发展。大学生如果不能处理好学习过程中的心理问题,将会严重影响其学习效果及心理健康。本章就大学生学习的相关心理问题进行探讨。

## 第一节　学习的内涵

### 一、学习的界定

广义的学习是由经验所引起的行为或思维的比较持久的变化。从主体来看,学习是人和动物普遍存在的现象;从实质来看,学习的实质是后天经验的获得,而不是本能活动;从结果来看,学习的结果表现为个体心理和行为的持久变化。此外,不能把个体的一切变化都归为学习。狭义的学习是指人类的学习。人的学习与动物的学习有重要区别,动物的学习主要是一个自发的过程,而人的学习是在社会生活实践中,通过社会传递,以语言为中介实现的。学生的学习是人类学习的一种特殊形式,是指在教师的组织指导下,有目的、有计划、系统地掌握科学文化知识和技能、发展能力、形成品德的过程。

## 二、学习的类型

学习是个极其复杂的现象,范围广,形式多样。对学习进行分类,有利于认识不同类型的学习特点和规律,提高教与学的针对性和有效性。

(一)根据学习的不同内容和结果的分类

根据学习内容和结果的不同,学习有以下四种类型。

1. 知识的学习

知识的学习包括对知识的感知和理解等,主要解决人们知与不知的矛盾,是人类学习的主要内容之一。

2. 技能的学习

技能的学习主要指运动的、动作的技能学习。技能是使某种活动得以顺利进行的动作方式。它与知识不同,技能主要解决会与不会、熟练与不熟练的问题。

3. 心智(以思维为主的能力)的学习

能力是直接影响人们顺利而有效地完成学习和其他各种活动任务的个性心理特征。它是在掌握各种智力技能过程中形成并发展起来的更为概括的一种本领。学生的学习,不仅要掌握知识、形成技能,而且要培养分析问题、解决问题的能力,其中包括自学的能力。

4. 道德品质和行为习惯的学习

个体要适应社会生活,正确处理与他人、与社会的关系,就必须掌握一定的道德准则和行为规范。因此,它是学生学习的一项极重要的内容。

这种分类的优点是比较符合教育工作的实际,在日常教育工作中常常被采用。另外,采用这种分类有助于教师按不同类型的学习特点和规律去指导学生的学习。这种分类的缺点是容易使知识的学习与品德的形成、能力的发展相互脱节。在采用这种分类时,应该注意这几种学习类型之间的内在联系,把它们有机地结合起来。

(二)奥苏伯尔的学习分类

美国教育心理学家奥苏伯尔以学校教育为条件提出学习的分类。他按学生学习的不同方式,把学习分为接受学习和发现学习。

1. 接受学习

接受学习是指教育者以定论的形式系统地向学习者呈现知识,学习者以接受的方式学习知识和经验。

2. 发现学习

发现学习是指教育者只提示有关的学习内容以及解决问题的方式和方法,学习者需依靠自己的力量,通过独立发现的步骤去寻求知识的一种学习。

奥苏泊尔根据学习内容的不同,又把学习分为机械学习和意义学习。机械学习指学习者记住了由语言文字符号所组成的学习材料,但没有真正理解符号所代表的知识。意义学习则指学习者理解符号的意义、所代表的知识,并能应用这些知识解决问题。这种分类有一定的实践意义,但未能包括技能、品德等方面的学习,未免失之片面,缺乏说服力。

(三)布卢姆的学习分类

布卢姆的学习分类是为了用于课程设计,因而以教育目标和教育任务为出发点,将教育目标分为认知、情感和动作技能三大领域。其中认知领域的学习又分为六类。

(1)知识,对知识的简单回忆。

(2)理解,解释所学的知识。

(3)应用,在特殊情况下使用概念和规则。

(4)分析,区别和了解事物的内部联系。

(5)综合,把思想重新综合为一种新的完整的思想,产生新的结构。

(6)评价,根据内部的证据或外部的标准作出判断。

(四)加涅的学习分类

加涅认为,人类的学习是复杂多样的,简单低级的学习是复杂高级的学习的基础。1965 年,加涅根据学习的繁简程度把学习划分为下面八种类型。

(1)信号学习,即巴甫洛夫的经典性条件反射学习,学会对某种信号刺激作出概括性的反应,是刺激—强化—反应的过程。

(2)刺激—反应学习,即斯金纳的操作性条件反射学习,是简单的刺激与反应联结的学习。其过程是情境—反应—强化。

(3)连锁学习,即形成一个刺激—反应的联结序列。

(4)言语联想学习,也就是言语的连锁学习,即形成一系列的连续性词语联结。

(5)辨别学习,即学会识别多种刺激的异同,并对不同刺激作出不同的识别反应。

(6)概念学习,学会对具有共同属性的同类刺激作出统一的反应,亦即对事物的抽象特征的反应。

(7)规则学习,了解两个或两个以上的概念之间的关系。

(8)问题解决学习。即学习运用规则去解决问题。

1971 年,加涅把上述分类中的前四类合并为一类,把第六类分为两类,即:连锁学习,辨别学习,具体概念学习,定义性概念学习,规则学习,问题解决学习。

加涅在1985年出版的《学习的条件和教学论》一书中,又从学习结果的角度将学习分成五类。

(1)言语信息的学习。

(2)智慧技能的学习。

(3)认知策略的学习。

(4)态度的学习。

(5)运动技能的学习。

### (五)潘菽的学习分类

我国学者潘菽将学习分为以下几类。

(1)知识的学习,包括学习知识时的感知和理解等。

(2)技能和熟练的学习,主要指运动的、动作的技能和熟练。

(3)心智的、以思维为主的能力的学习。

(4)道德品质和行为习惯的学习。

## 三、大学生学习的特点

大学学习是人生学习过程中的一个重要阶段,既有人类学习和学生学习的一般特点,又表现出与其他阶段学习明显不同的特点。以下主要从大学生学习内容、学习方式、学习方法这几点进行分析。

### (一)大学生学习内容的特点

大学阶段是学生成长由"求学型"向"成才型""创造型"过渡的关键期,是步入社会前系统、专业、全面学习的最后阶段,因此,从进大学开始,大学生的学习活动就具有明显的专业性和较高层次的职业性,大学生不仅要掌握专业技能,提高自己的实践能力,同时还要了解专业的发展趋势和前沿,包括一些有争议性的学术问题。归结起来,大学生学习内容的特殊性,主要表现在专业化程度与职业定向性、实践知识与动手能力、学科内容等方面。

1. 专业化程度较高，职业定向性较强

大学教育的任务是为社会培养各类高级专门人才。今后绝大多数大学生要在社会各个实践领域从事与自己专业相关的职业活动，为社会服务。因此，学生进入大学后一般要开始分系、分专业，在某一专门领域从事深入的学习并获得提高。他们学习的专业化程度较高，职业定向性较强。学生学习活动实质上是一种学习—职业活动。它既不同于中学生的学习活动，因为中学生的主要任务是掌握各科基础知识，大学生则是要学习各专业的基本知识、基本理论，掌握从事各类专业活动的基本技能；又不同于一般劳动者的职业活动，因为大学生学习活动虽具有明确的职业定向性质，但它只是为毕业后参加职业活动做准备。

2. 实践知识丰富，动手能力较强

由于大学生学习的职业定向性较强，因此在学生的学习过程中，实践知识的掌握和动手能力的培养具有特别重要的意义。各级各类高等院校教学计划中都安排了实验、实习、社会调查、野外考察、课程设计、毕业设计等环节，就是为了达到这一目的。

3. 学科内容的高层次性和争议性

大学生在专业学习中，不但要掌握本专业各学科的基础知识和基本理论，还要了解这些学科的最新研究成果及其发展趋势。高年级大学生许多专业课学习的内容起点较高、视野较宽，有些内容实质上已处于本学科发展的前沿。这样将一些有争论的问题引入大学生学习内容之中，可以开拓学生的专业视野，激发学生智力活动的积极性，培养学生的科研动机，帮助学生认识真理的过程，培养他们攀登科学高峰的信心和勇气。

（二）大学生学习方式的特点

进入大学后，由于学习环境的改变和学习条件的改善，自学的方式尤为重要,要求多样性。学习方式的多样性增强了大学生学习的积极性、独立学习和工作的能力,为他们将来走向社会、取得职业成功打下坚实的基础。归结起来,大学生学习方式的多样性主要体现在以下几点。

### 1. 自觉方式日益占有重要地位

在中学阶段,学生学习是在教师直接组织和指导下进行的。进入大学后,自学在学生学习中日益占有重要地位。在大学高年级,自学甚至成了学生学习的主要方式。大学生的课程不是安排得满满的,而是留有较多的自学时间,使学生有可能把精力投入到自己认为必要的或感兴趣的方面。即使是在课堂教学中,教师也不可能讲授教材有关内容的一切方面,而是要布置各种参考书供学生课后自学。大学生撰写课程论文、毕业论文及参加科研工作,都是在教师指导下依靠自己的力量独立完成的。所有这些都要求大学生注意培养自学能力。

### 2. 学习的独立性、批判性和自觉性不断增强

大学生学习的独立性、批判性较强,总是以批判的态度对待学习。他们不轻信教师讲课的内容、书本上现成的结论,不迷信专家、学者的有关论述,相信自己通过独立思考、探索所得到的正确结论。大学生喜欢讨论问题,争辩问题,各抒己见,互不相让;爱向教师提问,和教师辩论,喜欢表达自己独到的想法、见解和观点。多数学生不需要教师的监督,就能自觉地、孜孜不倦地学习和思考。

### 3. 课堂学习与课外和校外学习相结合

大学生学习的途径是多种多样的,课堂教学虽然仍是主要的学习途径,但已不像中学那样几乎是唯一的途径,除课堂学习外,他们还要按照教学大纲的要求完成实验、作业、实习等任务,在图

书馆或资料室查阅文献,参加或协助教师的科研活动,听各种学术报告和讲座,参加学生会和社团协会的工作。除了校内的多种学习途径外,大学生不断地同校外社会实践相联系,进行社会调查或开展咨询服务,从社会实践中学习。

（三）大学生学习方法的特点

从总体来看,大学生能较好地掌握科学的学习方法,如主动参与到教学活动中去,对教师的讲课进行质询与分析;进行更多的阅读和思考,求理解,讲运用,运用联想记忆术和读背结合的记忆方法;把知识作为相互联系的整体来对待,而且通过与新知识的组合,形成新的知识结构,知识的信息量会激增;学会运用抽象思维和形象思维,课前预习、课后及时整理和复习。

研究发现,大学生在学习过程中采用了两种不同的方法。一种学习方法是"深层法",它以理解思想和探询意义为目的。大学生对学习具有一种内在的兴趣并希望在学习过程中得到乐趣。他们关注的是各个论据的意义、要旨或相互关系,而且他们懂得意义是通过词语、文本或者公式来传达的。另一种学习方法是"表层法",学生把学习看作来自外界的一种强制性任务,因而试图去应付这些要求。他们的学习动机具有实用性、工具性的特点,想花尽量少的工夫来完成学习要求。他们似乎对学习十分专注但却对学习目的、学习策略不作任何思考,他们把学习重点放在词语、文本或者公式本身。采用深层学习法的学生所拥有的认知框架要比采用表层学习法的学生的认知框架更加宽阔,也更加全面。学生的学习方法和大学生对学习环境的认识有关,也就是说,学习方法具有相关性。那些感觉课程学习负荷大的学生、认为测试的实质就是要求死记硬背学习内容的学生更有可能采用表层学习法。而如果学生在选择所学内容方面有自主权,能感受到高质量的课堂教学并对课程目标和要求心领神会,则会更多地采用深层学习法。

# 第二节　大学生常见的学习心理问题分析

## 一、学习动机问题

大学生的学习动机问题,或者是学习动力缺乏,或者是学习动机过强。

(一)学习动力缺乏

大学生的学习动力缺乏是指学习没有内在的驱动力量,没有明确的学习目标,没有对知识的内在需求。大学生学习动机不足主要表现为学习惰性较大,如对学习没有热情,失去兴趣。课前不认真预习;不愿上课,经常迟到甚至逃课;上课不能集中精力,不认真听讲,懒得做笔记,对老师提出的讨论问题不理不睬,不去思考;课后不能及时复习,不愿看书、不愿完成作业,作业拖拉,敷衍了事;学习时无精打采,很少感受到学习带来的快乐;考试态度消极,经常出现挂科现象。

某些缺乏学习动力的大学生学习只为应付考试或拿到毕业证、学位证,在日常的学习中不求甚解、得过且过,从不主动地进行深入探索和研究。对于每天的学习时间怎么安排、学习什么、学习多少内容,没有进行职业生涯规划。只满足于被动地上课、交作业、参加考试,没有系统的学习体系和规划。对专业的设置和培养计划不了解,不关心专业发展的前景。对学习活动没有积极性,对教学安排消极应付、能拖就拖。

一些大学生学习动力缺乏的原因,主要有以下两个方面。

(1)高考失败使一些大学生对现有的大学生活丧失兴趣。一些大学生由于高考发挥失常,没有考入自己理想的学校,觉得在现在的学校是"委曲求全",这种失落感使一些大学生时时感到不满和消沉,学习没有热情,缺乏动力。

(2)学习压力的减退使大学生完全放松。在高中时期,为了取得更好的成绩,考上理想的大学,许多学生长期刻苦的学习,付出了很多的时间和很大的精力,身体和心理上都感到非常疲惫。进入大学以后,一些学生认为考上大学就万事大吉了,而且远离家长的管束,缺少外部的学习压力,出现了一种彻底的放松感。他们往往安于现状,不思进取,导致学习动机水平较低。

总之,缺乏动机或动机强度过低,大学生不能专心学习,注意力分散,也不利于学习行为的发生和维持。

(二)学习动机过强

学习动机对学习活动起着发动、维护和推进作用,并不意味着学习动机强度越大,学习效果就越好。学习动机过强的学生常常把学习看得至高无上,认为学习是展现自己价值的唯一途径,把分数和名次放在很重要的位置,甚至与自己的荣誉、地位联系起来。他们在学习中好胜心很强,要求自己一定要成功,不允许失败,一旦出现失败,失落感就很严重。奖惩动机过强的大学生多是被动学习,以考试为中心,对自己的期望值也很高,这种期望值甚至远远超出了自己现有的水平和能力。为了达到这种期望值,他们会苛刻地要求自己,把时间全部用在学习上,身体处于极度疲劳状态,学习效率低下,学业成就不理想。

大学生学习动机过强主要是因为他们用不正确的态度看待学习,他们把学习成绩出类拔萃看作大学成功的唯一标志,把自己超负荷的学习作为成功的必经之路,把学习的价值看成获得奖学金、保研等荣誉,忽略了自己的学习兴趣,感受不到学习过程的快乐。一些大学生由于过于追求完美,要求自己要做得最好,或迫于家庭、学校和社会的较高期望,给自己定下了过高的学习目标,并强迫自己通过长时间高负荷的学习去实现这一目标。

**二、学习策略问题**

学习策略不当是大学生学习心理问题的重要方面,表现为缺乏有效的学习方法。根据一项关于学习心理问题的统计,36.9%

的学生反映学习最大的困惑是不能适应大学的教学模式。大学的教学注重学生的自学能力，要求学生具有独立思考的自觉性和研究学习的自觉性；加之大学里的课程门类多、课程多，教师讲课又不拘泥于一本教材。这样一来，依旧沿着中学的思维模式和学习方法进行学习的学生便会产生学习适应性困难、作业困难等。英国哲学家怀德海在《教育的目的》一书中说："在中学阶段，学生应该伏案学习；在大学里，他应该站起来，四面瞭望。"大学的学习特点与中学有很大的不同。大学学习具有自主性、专业性、广泛性和探索性的特点，课程的数量和难度都加大了，记忆性的知识减少，理解性的知识增多。这需要大学生具有较强的独立思考问题、解决问题的能力。而大部分大学生还在使用中学期间养成的学习方法，难以适应需要自觉的学习意识和创新精神的大学学习生活。

学习策略失当的学生尚未掌握科学的学习策略体系，有明显不适应学习的倾向。例如，学习时间安排不科学。学习没有计划，或有计划但不能执行，或者各学习环节的学习方式不当。不重视预习，不带着问题听讲，不做课堂笔记或被动接受式做笔记。不积极参与讨论，不及时解决疑问。平时不温习，考试前搞突击。一味死记硬背，不注意融会贯通、理解记忆等。

### 三、学习焦虑问题

焦虑是由紧张、焦急、忧虑、担心和恐惧等感受交织而成的一种复杂的情绪反应。它可以在人遭受挫折时出现，也可能没有明显的诱因而发生，即在缺乏充分客观根据的情况下出现某些情绪紊乱。大学生要面对学业的压力和各种考评，还有各种考证、过级的压力，久而久之，便产生了焦虑情感。特别是刚刚进入大学校园的新生，在高中教育体制中都是"佼佼者"，现在还想保持"尖子生"的地位，精神高度紧张，学习上焦虑不安；高年级的学生面对社会激烈的竞争，背负着家庭的希望和经济的压力，面对着职业选择和考研的压力，导致整天"一筹莫展"。学习焦虑常表现为心神不宁、自卑自责、头疼头晕、惶恐急躁等。过度的学习焦虑使得注意力难以集中，干扰记忆的过程，影响思维的活动，而且对身心健康产生很大的危害。

此外，大学生还有考试焦虑的心理问题。考试焦虑是人由于面临考试而产生的一种特殊的心理反应。它是在应试情境刺激下，受个人的认知、评价、个性等特点影响而产生的以对考试成败的担忧和情绪紧张为主要特征的心理反应状态。大多数学生在面临重要考试时都会产生一定程度的焦虑，这是正常的，但过度的考试焦虑对大学生的学习和身心健康危害很大。

造成考试焦虑既有客观因素，也有主观因素。造成大学生考试焦虑的客观因素主要有以下几点：第一，考试本身。如考试的重要性、难易程度、竞争程度等。越是重要的考试，越容易产生考试焦虑；题目越难，越容易产生考试焦虑；竞争程度越激烈，越容易引发考试焦虑。第二，学生的学业期望。一般而言，学业期望越高的学生，对学习投入的精力越多，越看重学业成绩，因而对考试失败的恐惧越高，越容易产生考试焦虑。第三，知识掌握程度。考试的难易是相对的。现在有一部分学生上课不认真，下课不复习，推崇考前一周效应，这就很容易产生考试焦虑。第四，考试压力的传递。学生间的相互影响也会造成考试焦虑。

造成考试焦虑的主观因素也有以下几大方面：第一，个性气质特点。那些敏感、易焦虑、过于内向、缺乏安全感和自信心、做事追求完美的学生在考试中容易出现考试焦虑。第二，考试经验。大学生多数在中学时代都有考试成功的经验；而进入大学后，偶然的考试失败会加剧这部分学生的考试焦虑。第三，知识掌握与复习准备。如果复习准备不足，对考试没有把握，自然会产生考试焦虑。第四，对考试外在价值的过分重视，考试成绩与大学生学业荣誉如奖学金、政治前途如入党、学业前途如研究生保送等密切相关。因而，大学生会对考试成绩看重，特别是学业成绩优异的大学生，恐惧考试失败的心理压力更大。

### 四、学习无助感问题

学习无助是指学生由于各方面的负面反馈而接受自己在学业上的失败。这些负面反馈通常包括:来自教师的负面反馈,来自负面的学校经验,来自同伴和学生自己的负反馈。大量研究表明,如果学生的学习目标屡次受挫,他们最终会放弃这些目标而觉得无助。大学生学习无助感主要体现在以下几方面。第一,情绪失调,负性情绪较多。由于学习上多次尝试的失败,失去了耐心,学生的情绪容易变得烦躁,对引起失败的事件产生抵触情绪,进而感到悲观、失望、灰心丧气、抑郁、自卑,对自己缺乏信心。第二,自我效能感低下。由于多次的失败,缺乏成功体验,因此对自己失去了信心,学生对自己完成学习任务的能力持怀疑和不确定的态度,认为自己没有成功的能力。在制定学习目标的时候,倾向于制定较低水平的学习目标,以避免获得失败的体验。

引起大学生学习无助感的原因主要有以下两点。第一,外部因素。外部因素主要是来自教师的消极评价。许多学生刚入学时对学习充满热情,渴望获得成功,一切活动都愿意去尝试。但在遭受失败后,如果经常受到教师的批评和嘲笑,缺乏鼓励和支持,就容易产生焦虑情绪,对于探求事物和学习活动产生恐惧心理。因此,教师的消极评价是学生产生无助感的外在因素之一。第二,内部原因。内部原因主要来自学生对自己不正确的归因。学习无助的学生倾向于把自己学习上的失败归因于内部稳定的因素,认为自己的能力差、智力低;而把偶尔的成功归因于运气、任务容易等不稳定的外部因素。因此,无论成功或失败,都无法激起他们获取成功的动力。

### 五、学习疲劳问题

学习疲劳即学习倦怠,是指学生对学校课程学业持负面态度的一种现象,并且伴有以下行为表现:对所学课业和学校活动热忱消失,呈现一种消极状态,对同学、朋友态度冷漠和疏远。其产生原因是较长时间面对来自学校课程等方面的压力。有的学生自我加压,长期超负荷学习,过度用脑,不注意劳逸结合,导致身心异常疲乏、注意力下降、记忆力变差,对学习感到厌烦郁闷;有的学生不讲究学习方法,长时间对着单调乏味的学习内容死记硬背,对学习逐渐失去兴趣;有的学生平时学习不抓紧,临考前通宵达旦、废寝忘食,造成生物周期紊乱,学习效率下降。

疲劳现象有各种形态,主要可分为生理的(或身体的)疲劳和心理的疲劳。学习既包括身体的活动,也包括精神的活动,但主要的是精神活动。因而,学习疲劳既受身体疲劳的影响,又受心理疲劳的影响。心理的疲劳一般不像身体的疲劳发生得那样迅速,所以一个人有了强烈的学习动机和积极的学习态度,就能够较长时间地持续学习而不感到十分疲劳。但是,集中精力持续学习时间过长,就会产生疲劳,使学习的质量和效率受到影响。

疲劳的引起是有个别差异的。由于一个人的生理和心理的特点不同,身体的强弱、能力、气质、兴趣、习惯等的不同,都能影响疲劳的发生。大学生应正确认识自身能力,合理安排学习活动,既要紧张充实又要量力而为,避免强度过大引起学习疲劳。

## 六、注意力不集中问题

注意力是重要的学习心理因素。大学生注意力不集中主要表现在以下几点:

第一,上课不专心听讲,大脑常常开小差,盯着黑板却心猿意马,自己不能控制思维飘逸。

第二,易受环境的干扰,教室外的小小动静都能引起注意力的转移,而且长时间不能静下心来。

第三,参加活动如体育运动或看一场电影后,久久沉浸在情节的回忆之中。

引起大学生注意力不集中的原因主要有以下几点:

第一,对注意力在学习活动中的重要作用认识不足,因而缺少集中注意力的自觉性。

第二,对某些学习内容的社会价值认识不足,缺少学习兴趣,因而缺少集中注意力的自觉性。

第三,由于大学生发展任务多,因而导致压力与心理冲突加剧,特别是恋爱、性幻想等更容易引发注意力问题。

第四,生活事件导致心理应激,如重要丧失、考试失败、家庭生活发生重大变故、经济困难、评优失败、失恋、宿舍关系失和等造成的思想负担重,精力分散。

第五,身体过于疲劳,影响了注意力的集中。有些同学在学习中不注意劳逸结合,整天把自己搞得精疲力竭。在这种情况下,人的脑细胞工作负担过重,人就昏昏欲睡,注意力自然集中不起来。

## 七、专业不称心问题

有一些大学生,由于种种原因对自己所学的专业感到不称心,甚至感到厌倦和反感,因而出现一些不良心理,如焦虑反应、抑郁反应、逆反情绪等。

(1)焦虑反应。一般来说,那些对自己所学的专业感到不称心的大学生,都希望能尽快地更换一个自己感兴趣的专业。然而,对他们当中的大多数人来说,不可能都实现这一愿望。理想与现实的尖锐矛盾与冲突必然导致当事人的焦虑反应:心烦意乱、紧张不安、无所适从,同时可能伴有某些躯体不适,严重的还会形成神经症。

(2)抑郁反应是对专业不称心者容易产生的另一种困扰。一个学生在升学的时候,如果没有被自己所喜欢的学校或专业所录取,而是随机地分配到一个自己所不称心的学校或专业去学习,则内心必然会产生相当强烈的失落、沮丧、郁闷、忧伤,甚至绝望等情绪反应。

(3)逆反情绪是一种与社会现实或社会观念相对对立与抵触的情绪。那些对所学专业感到不称心如意的学生,常常通过这种抵触情绪的释放,使自己受压抑和遭受挫折的心态得到平衡或转移，从而寻求一种自我肯定。具有逆反情绪的学生在日常生活中容易被激怒，常常因为一些不顺心的小事而迁怒于他人。

大学生对所学专业感到不称心的原因比较复杂，其中既有客观原因，也有主观原因。例如，许多考生在填报高考志愿时缺乏必要的指导，而根据家长的意愿和社会舆论的影响盲目地填报志愿，结果造成对录取的专业感到不称心、不适合。在一些地区的招生工作中缺乏强有力的监督机制，存在着比较严重的不正之风，造成考试成绩优良的学生因没有"关系"和"后门"，而没能如愿以偿地录取到自己称心的专业。此外，大学生个人的专业理想与现实条件严重脱节也是重要的原因。大学生的生活阅历比较简单，对专业的性质、特点及未来的就业出路不甚了解，当他们在选择所学专业的时候，具有浓厚的浪漫色彩，富于想象，容易造成个人的专业理想与现实条件（如专业的招生人数和个人的高考成绩等）脱节。

## 第三节　应对大学生常见学习心理问题的策略

### 一、学习动机问题的应对

前面说到，学习动机过弱和学习动机过强都不利于学习。要使学习活动卓有成效，必须保持适度的学习动机。对于这个问题，用耶基斯—多德森定律可以给予较好的说明。耶基斯与多德森的研究表明，动机强度与工作效率之间是一种倒"U"字形的函数关系，动机过弱或过强都会使工作效率下降，各种活动都存在一个最佳的动机水平。他们还发现，动机的最佳水平随任务性质的不同而不同。在比较容易的任务中，工作效率随动机的提高而上升；随着任务难度的增加，动机的最佳水平呈现逐渐下降的趋势（图 3-1）。

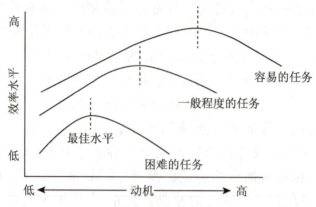

图 3-1　动机强度、任务类型与工作效率的关系

耶基斯－多德森定律提示,在学习过程中,要将学习动机的强度与学习任务的难度相匹配,以提高学习效率。大学生应根据学习任务的难易程度,调整动机的水平以提高学习效率。

针对学习动机不足问题,大学生应正确认识学习的价值与大学的目标,根据专业培养目标规划学业与人生;应积极调整心态,以乐观向上的心态对待学习特别是学习中遇到的挫折与困难,战胜惰性。此外,还应该改进学习方法,提高学习效率与学业自我效能感。

针对学习动机过强问题,大学生要正确地认识学习,认识到学习是大学生在校期间的主要活动,但学习不是为了获得一些虚幻的荣誉。大学生应把关注点转移到学习活动过程中,发掘自己的学习兴趣,感受每天的学习进步,体验学习的成就感。学习动机过强,往往源于对自己的认识不正确而产生过高的期望值,并由此造成在学习活动中对自己的过分苛求。因此,大学生应正确认识自己的潜质,制定恰当的学业目标与学业期望,使目标在自己能力所及的范围内,不要高不可攀或与他人盲目攀比。目标的制订要分阶段、有步骤、有可操作性,循序渐进地完成。另外,转换表面的学习动机为深层学习动机,淡化外在奖励特别是学业成就的诱因,正确对待荣誉与学业成绩。

## 二、学习策略问题的应对

科学有效的学习策略和学习方法是有效帮助大学生积极健康地学习、提高学习效率或成绩、减轻学习压力的重要措施和有力保障。对于大学生而言,学会学习就是学会学习方法,这里重点阐述几种常用而有效的学习策略。

（一）MURDER 策略

MURDER 是六种策略的英文单词字母的缩写,由丹瑟洛于1985 年提出。该学习策略系统包含相互联系的两组:一是基本策略系统,主要用于对学习材料进行直接操作,即直接作用于认知加工过程。该组策略主要包括领会与保持策略和提取与应用策略。二是支持策略系统,主要用于确立恰当的学习目标体系,维持适当的学习心态。该组策略主要包括三个方面:计划与时间安排策略、专心管理策略、监控与诊断策略。基本策略与支持策略是相互联系的,二者协同作用完成学习活动。在基本策略中,领会与保持策略主要用于信息的获得和储存,共同构成了第一级策略,即第一级 MURDER;提取与应用策略主要用于信息的恢复和输出,共同构成了第二级 MURDER。

（二）复习策略

复习策略解决的是如何对所学内容进行适当的重复学习,主要用于信息的长时记忆与保持。根据遗忘发生的规律,采取适当的复习策略来克服遗忘,即在遗忘尚未产生之前,通过复习来避免遗忘。复述策略主要包括以下几种。

（1）把最重要的任务安排在学习时间的首尾。实验研究证明,在学习中存在两种干扰现象:前摄抑制（即先学习内容对后学习内容的干扰作用）与倒摄抑制（后学习内容对先学习内容的干扰作用）。由于这两种干扰存在,在学习和记忆材料时,中间部分的记忆效果最差,遗忘最多,因为这部分材料既受前摄抑制的影响,又受倒摄抑制的影响。因而,在安排复述时,就不能把重要内容放到学习进程的中间去复述,而要把其放到学习时间的首尾来复述。

(2)及时复习。德国心理学家艾宾浩斯研究了遗忘与时间之间的关系,发现了遗忘规律,即学习之后遗忘立即开始,而且开始时的遗忘速度较快,后来逐渐减慢。遗忘的这种先快后慢规律,就要求我们在学习结束后要及时复习。

(3)科学的复习计划。要合理安排复习的时间、数量,经常进行复习。分散与集中复习相结合的综合复习是最有效的复习方式。复习间隔应先密后疏,复习时间先多后少。复习要适量,要注意复习内容的数量恰当,不应盲目地增加复习量。

(4)复习方式灵活化。单调的复习方法,容易使人感到疲倦、乏味,产生消极情绪。灵活多样化的复习不仅使学生感到新颖,有利于调动学生的兴趣和积极性,也有利于思维的训练和智力的提高。

复习方式应根据记忆材料的性质与数量灵活选用。一般大量的与长篇幅的材料应采用分段(或部分)复习方法,少量的与短篇幅的材料则采用整体或综合复习法效果更好。

(5)阅读与尝试回忆结合。在识记材料尚未记住时,就尝试背诵,实在回忆不起的地方再重复阅读、尝试背诵,如此反复循环,直到记牢为止。盖茨的实验证明,阅读与回忆时间分配不同,记忆成绩会出现显著差异,一般来说,对有意义的材料,最好的时间比例是 20%~40% 用于阅读,60%~80% 用于尝试回忆,记忆效果最好。

(6)适当的过度学习。过度学习是指对学习材料达到掌握标准(能精确回忆)以后的继续学习。过度学习有助于加强记忆和保持。心理学研究表明,150% 的过度学习是最适宜的,既能获得一个最佳的记忆效果,又不浪费时间和精力。

(三)精加工策略

精加工策略是指通过形成新旧信息间的附加联系,使新信息更有意义,从而促进对新信息的理解与记忆的策略。通常可以分为人为联想策略和生成策略两类。

(1)人为联想策略主要是针对本身意义性不强的学习材料,赋予材料以意义来帮助记忆。常用的人为联想策略有位置记忆法、首字联词法、歌谣口诀法、类比法等。

位置记忆法就是在学习者的头脑中确定一条熟悉的路线,在这条路线上确定一些特定的点,将要记忆的项目全部形象化,并按顺序把这条路线上的各个点联系起来,以帮助记忆的方法。位置记忆法对于记忆有顺序的项目特别有用。

首字联词法就是利用每个词的第一个字或字母形成一个缩写词或句子来帮助记忆的方法。当所记内容较长,不容易记时,可以用首字连词化繁为简来帮助记忆。

歌谣口诀法是指利用编制歌谣口诀的方式来帮助记忆的方法,例如,记忆农历二十四个节气,可以编成以下歌谣:"春雨惊春清谷天,夏满芒夏暑相连,秋处露秋寒霜降,冬雪雪冬小大寒。上半年为 6、21,下半年为 8、23,每月两节不变更,最多相差一两天。"

类比法是指根据两个(或两类)对象之间在某些属性上的相同或相似所作的一种类推,它是精加工的重要方法。运用类比,抽象的内容可以具体化、形象化,陌生的东西可以转化为熟悉的东西,深奥的道理可以明白简单地揭示出来。

(2)生成策略又称内在联系策略,适用于意义性较强的学习材料,它强调积极整合新信息于已有的知识结构中,要教给学生一些具体的加工新信息的方法。在学习过程中,常用的生成策略,包括利用摘录与画线突出重点、记笔记。摘录与画线是指通过将材料的重要部分摘录下来或画线的方法来突出重点,能使学生快速找到并复习课文中的重要信息,促进记忆。实验证明,摘录或在重点内容下画线比抄写和单纯阅读的效果好。研究表明,记笔记可以引导注意,明确重点;可以帮助学习者对学习材料进行组织,建立材料间的内在联系;可以帮助学习者在所呈现的信息与已有知识间建立起外在联系,有助于信息学习的迁移。记笔记的方式多样:有尽可能完整记录的;有按材料顺序做概要,但缺乏组织的;有组织地做提纲式笔记,必要时记下一些定义、表格、图解等。研究表明,做有组织的提纲式笔记效果最好。

### (四)组织策略

组织策略是将学习材料分成一些小的单元,并把这些小的单元置于适当的类别中,从而使每项信息和其他信息联系在一起。列纲要、做结构网络图、群集归类等都是组织策略的具体形式。

(1)列纲要。列纲要就是将所学材料的纲目要点列成纲要,以促进材料学习的一种组织策略。列数字纲要即以数字表示材料的层次,体现其逻辑关系的一种策略。列数字纲要主要是在通读、掌握材料的基础上,将材料分为几个层次,每个层次包括若干要点,以数字一、二、三……1、2、3……方式表达。列数字纲要中的纲要通常可借用大小标题、主题句、关键句;若无现成的主题句、关键句,则应用自己的话概述要义作为纲要。

(2)作结构网络图。结构网络图主要用于图解各种知识点是如何相互联系的,它要求先识别课文的主要知识点,然后识别这些知识点之间的关系,再用适当的图解来标明这些知识点之间的内在联系。通常是以树状式连线方式表示材料种属逻辑关系。使用结构网络图的关键步骤是确定材料的种属关系。首先应找准种概念(如图中的"论点"),然后按层次依次确定属概念。在具有明显种属关系的材料中,运用结构网络图提取要点,逻辑关系特别清楚明了,便于理解与记忆。

(3)群集归类。群集归类是一种对学习材料进行归类组织,以使之便于记忆的策略。主要用于自由回忆类的学习任务。自由回忆类的任务就是指把所学内容回忆出来即可,不限顺序的任务。按在个体发展中出现的先后顺序及归类的依据,群集归类可分为四类:一是以音韵归类;二是以句法归类;三是以类别归类;四是随机归类。

（五）阅读策略

**1. SQ3R 法**

（1）浏览（survey）。阅读的第一步就是对阅读内容进行浏览，从整体上把握文章脉络，为仔细阅读做准备。

（2）提问（question）。把文章的标题及主要内容转化为问题的形式，在问题的提示下深入阅读。

（3）阅读（read）。根据问题的提示阅读内容并寻找问题答案。主要依赖于学习者的理解。

（4）背诵（recite）。经过上面的阅读过程，学习者已经理解了课文中的大部分内容，现在学习者把课本合上，看看有多少内容已经能够记住，还有哪些内容没有能够透彻理解并记下来，需要进一步加工。

（5）复习（review）。阅读过的内容要在脑中长期保持，就必须复习。通过复习加深对阅读的巩固、理解，并建立有关内容之间的联系。

**2. PQ4R 法**

（1）预习（preview）。快速浏览材料，对文章的主题和主要标题有一大致了解。

（2）提问（question）。针对阅读内容提出一些问题，如谁（who）？什么（what）？何时（when）？为什么（why）？怎么样（how）？

（3）阅读（read）。针对内容进行阅读，全面了解内容。

（4）沉思（retiect）。理解所学内容的意义，包括把现在所学内容与学习者已有的知识相互联系起来，把课文中的细节和主要观点联系起来，对所学内容做些评论等。

（5）背诵（recite）。

（6）复习（review）。

### 3. OK5R

(1)纵览(overview),即浏览。

(2)提出关键点(key idea)。即列出文章中主要的关键内容,为下一环节的阅读做准备。

(3)阅读(read)。

(4)摘录(record)。在阅读的基础上,把文章中主要内容摘抄下来。

(5)背诵(recite)。

(6)复习(review)。

(7)反思(reffect)。对整个阅读过程进行反思。包括是否理解、记住内容,阅读速度是否适中,有哪些方面需要加以改进等。这一环节在阅读过程中显得尤为重要,它体现了阅读策略的核心。

### (六)应用知识的解题策略

#### 1. 表征问题阶段的策略

对任务的表征策略有两种。一种是内隐表征策略,即在分析和理解问题的条件、要求、障碍的基础上,在头脑中形成整个问题的结构策略;另一种是外显表征策略,即通过外部行为,如画图、批注等辅助内隐表征的策略。

#### 2. 解答问题阶段的策略

此阶段的策略有:一是双向推理,即充分利用书籍条件进行顺向推理,重视运用未知条件进行逆向推理;二是克服定式,进行扩散性思维,即解决问题时要思维灵活,从多种角度看问题,从多种途径寻找答案;三是要善于评价不同思路,选择最优思路进行集中思维。

3.思路总结阶段的策略

此阶段的任务是检验答案是否正确,同时总结解题的思路,进行"反思"。主要策略有:一是思考自己是否已把握与问题有关的知识结构,是否达到了通过练习掌握知识的目的;二是回忆自己的解题思维过程,找出其中的问题;三是思考还有没有更简捷的思路和更佳的解决办法。最好能和同学的解题思路相比较,体验别人的思路和技巧。

(七)监控策略

监控策略是指学习者对自己学习过程的有效监视和控制,它使学习者警觉自己在注意和理解方面可能出现的问题,并加以修改。以下为三种具体的监控策略:一是领会监控,即调控学习过程的策略,包括警觉自己在理解方面的问题,监视自己的速度与时间,审视目标是否达到,对材料自我提问等。二是策略监控,主要指调控自己使用的策略。包括有意识地根据学习任务调整策略,审视所使用的策略的有效性等。三是注意监控,指调控自己的注意过程的策略。包括对学习过程注意力的自我管理,有选择地对主要信息加以注意,有意识地抑制分心等。

(八)问题解决的 IDEAL 方法

成功地解决问题,既取决于个体所拥有的相关知识,又需要个体的解题策略。解题策略分为两大类:一类是通用的一般思维策略,该类策略不受具体问题的限制,是一般性的方法与技能;另一类是适合于某一学科问题解决的具体思维策略,与具体的学科内容有关。这里仅就一般的解题策略进行阐述。

IDEAL 是布兰斯福德等于 1984 年提出的解决问题的一般策略,该策略包含以下五个步骤:

(1)识别(identify)。注意到、识别出所存在的问题。比如注意到内容中的不一致、不全面之处,或者意识到自己学习过程中所遇到的困难等。

（2）界定（define）。确定问题的性质，对问题产生的过程和产生的原因进行解释。该过程直接影响以后所确定的解决问题的方法。

（3）探索（explore）。搜寻解决问题的可能的方法。该过程受到前面问题界定的影响。

（4）实施（act）。将解决问题的方法付诸实施。

（5）审查（look）。考察问题解决的成效，搜集有关的反馈信息，以便为进一步改善解决方法、更有效地解决问题奠定基础。

总之，学习虽然是一种非常普遍的活动，但其中蕴含着极其丰富的规律。随着研究的不断发展，对学习规律的探讨也将更加深入和更为准确，从而也更有利于指导人们进行科学而有效的学习。

### 三、学习焦虑问题的应对

首先要明确，学习焦虑不可怕，主要是由过度焦虑引起的。只要把焦虑及时地化解，对长期的学业成就并没有太大的影响。紧张、焦虑是人面对困难时正常的反应。有时候，不善于调节就会引起异常。应对学习焦虑问题，可采取以下几种办法：

（1）自省法。对学习内容、学习目标、学习过程进行重新省视；列出目前想要的是什么，还有什么事情没有完成，学习到了什么样的程度，差距在哪里，怎样进行时间安排能够突破。明确从现状到目标应该完成的步骤是什么，制订马上可实行的计划，调整既定学习规划。这样能够有效地降低学习焦虑。

（2）目标分解法。焦虑主要的来源是对完成任务目标的信心不足。如果是这样，要学会目标分解，用一步一步的前进达到最终目标。如果精力充沛的话，系统学习法可以作为一种速成方法迅速提升学习效率。

（3）身体调整。除了学习活动本身，还应反思一下自己的健康状况。如果是过于疲劳，经常熬夜，长时间坐着看书，失眠、多梦等,还有低热、感冒的症状,就要调整作息时间,改变疲劳战的学习方式,每天至少花一个小时来进行慢跑、健身、打球等体育锻炼。

(4)合理治疗。焦虑虽然不是严重的病症,但使用适当的药物来缓解紧张的情绪也是较好的做法。到学校的医务室,在医生或保健老师的指导下服用一些镇静类药物,同时辅助服用谷维素、泛酸钙、维生素 C 等。多吃水果、蔬菜也能有效缓解紧张的情绪。

(5)自我肯定。应该树立一种信念,偶尔的焦虑现象是很常见的,但是需要尽快地释放压力。尝试着不要给自己太高的期望和要求。自己掌握方向和节奏,不要被环境干扰计划。保持快乐的心境,多培养兴趣、爱好来调节紧张的学习。

针对考试焦虑问题,其根本办法是从主观上缓解焦虑。对此,可从以下几点入手:

(1)充分地复习准备:80%的人考试焦虑是由复习准备不充分引起的,因此牢固掌握知识是克服考试焦虑的根本途径。

(2)正确评价自我,确立恰当的学业期望,培养自信心。正确对待考试结果,不以一次成败论英雄;过于担心、焦虑不仅于事无补,而且还会影响水平的正常发挥。

(3)学会放松。放松有许多方法,如身体放松、想象放松。身体放松:以舒服的姿势坐好,保持身体两边的平衡;用鼻子深深地、慢慢地吸气,再用嘴巴慢慢地吐出来;想象身体各部位的放松,放松的顺序是脚、双腿、背部、颈、手。想象放松:可以放轻音乐,自己想象在轻柔的海滩上,暖暖的阳光照在身上,赤脚走在海滩上,海风轻轻吹拂,听海浪拍打海岸,将头脑倒空,达到放松的目的。

(4)进行考前心理辅导。一些敏感、焦虑、抗挫折能力差、有心理障碍的学生在考试前可以寻求有针对性的心理辅导,以缓解其心理压力;学校对高度考试焦虑的学生进行集体辅导。

### 四、学习无助感问题的应对

学习无助感的调适具体可从以下几点入手:

(1)强调优点。教师要注意善于发现学生的长处,并利用这些长处帮助学生克服学习无助感。

(2)淡化缺点。淡化缺点不是真的看不到学生有缺点,而是采取一种比较有策略的方式去纠正它们。有时,教师不直接指出学生的缺点,而是在他有缺点的方面指出教师对他的期望,这样往往可以收到比批评、指责更好的效果。

(3)结合经验。学生往往对于那些与自身经历有关的课程比较感兴趣,也比较容易学好。如果教师能够要求学生把他们在校外的问题带到课堂上来,对于提高学生的学习兴趣将起到很大的促进作用。

(4)正确归因。教师要指导学生进行正确归因,把成功归因于内控的、稳定的因素,把失败归因于外控的、不稳定的因素,帮助学生克服因失败、挫折等而产生的无助感。

### 五、学习疲劳问题的应对

学习疲劳的主要原因是对学习活动缺乏兴趣、学习时间过长、不注意劳逸结合、学习难度过大、睡眠长期不足等。大学生应该找到有效的学习方法,通过合理地调适减轻学习疲劳的程度,对此,可采取以下方法:

(1)合理安排学习。大多数的学习疲劳都是由于不能合理地安排学习活动。合理地开展学习活动,首先要注意学习材料的性质和数量问题,同时也要注意不同内容的学习活动可以适当穿插、合理分配。

(2)适当休息。疲劳可以由休息而得到恢复。休息有消除疲劳的效果,大体上疲劳的恢复先快后慢。但在学习上,长时间的休息也能影响学习的效率。所以,在休息时间的长短方面,以短时间的休息为宜,而且多次的短时休息,比一次长时间的休息效果要好。但是要注意,休息不一定是消极的不活动,也可以是积极的。比如,在学习活动中进行适量的体育运动是一种很好的休息方法。

(3)科学睡眠。睡眠可使疲劳物质消除,对肌肉、神经系统具有恢复的功能。所以,睡眠是消除疲劳的重要手段。除了晚间睡觉,午睡对恢复因白天的活动而产生的疲劳是很有效的,大学生还应注意养成午睡的好习惯。根据国内学者的研究,午睡的时间理论上应控制到 30 分钟之内。如果午睡时间过长,会导致晚上的入睡时间推后,甚至失眠。

(4)学习环境适宜。照明要适当,光线不当能妨碍视力,使视觉器官呈过度的紧张状态,容易产生疲劳。选择环境整洁、优雅的自习室进行学习,舒适的环节能有效缓解紧张和疲劳。防止分散注意力的噪声干扰,不选择靠窗嘈杂位置,手机调成静音状态。保持室内空气流通、清洁,穿衣不可过薄或过厚。

## 六、注意力不集中问题的应对

注意力不集中的应对调适具体可从以下几点入手:

(1)提高对注意力作用的认知。俄国著名教育家乌申斯基曾把注意力比喻为"获取知识的门户",这就是说要获得大量知识,进行创造思维,必须最大限度地开放"注意"这一门户,高度集中注意力。

(2)转移注意力。遇到生活应激事件与挫折,能够尽快从中解脱出来。

(3)保有好奇心。要保持不倦地学习,首先要对所学内容不断地回顾和不断地发问,这样才能永保好奇和新鲜感。

(4)适当强化学习动机。保持适当的学习压力与学习焦虑,并进行积极的自我激励与自我暗示。

(5)要有顽强的意志。注意力说到底是个人意志的一种表现,学习中的挫折往往是集中注意力的劲敌。我们要提倡败不馁的精神,困难时要冷静观察和思索,最后做出可行性的探索。

(6)养成良好的学习习惯与生活习惯,保持旺盛的精力。

(7)选择理想的学习环境,减少与学习无关的活动,并进行适当的自我监控。

(8)建立有效的学习规律。包括规划固定的学习时间,学习要有劳有逸、有张有弛。每天必须保证有一段时间全神贯注地进行学习。在这段时间里,一定要把注意力集中在一项学习任务上。

## 七、专业不对称心理问题的应对

专业不称心的调适具体可从以下三点入手:

(1)了解情况,改变原有的不合理认知。当自己对所学专业感到不称心如意的时候,不要马上肯定或否定,应通过各种途径进一步加深对有关情况的了解。例如,到专门的心理测试机构进行有关本人的智力、人格、能力倾向以及职业兴趣等方面的科学测试,以便准确地了解自己的特长;找本专业或其他专业的老师和高年级同学进行咨询,倾听他们对本专业和其他专业的情况介绍以及他们的建议。以上这些做法都将有助于对自身的客观认识,有助于全面地了解各专业(尤其是所学专业)的特点及其发展的前景,促使自己改变以往对所学专业的不合理认知。

(2)立足本专业,不断挖掘新意,升华本专业的学习动机。任何一个专业都不是十全十美的,都有其局限性和不尽如人意之处。然而,每个专业又有其独一无二的特点。一旦从事了某专业的学习,就不要患得患失,过于追求完美,应该立足本专业,善于在专业学习过程中挖掘新意,还应不断巩固自己的专业学习动机,提高自己的职业抱负水平。

(3)重新选择专业。如果采取以上两种心理调适方法仍然不能克服因"专业不称心"而带来的心理困扰,则不妨考虑采取重新选择专业的办法,如直接转换专业,修读双学位或第二学位,借升学之机重新选择专业等。

# 第四章　和谐相处：大学生人际交往心理问题研究

人是一种社会动物，在漫长的人生旅程中，人要与周围环境中的各种事物打交道，大学生也是如此。大学生正处在学习知识、了解社会、探索人生的重要发展时期。大学生的主要活动都是在与人交往的过程中进行的。人际交往不仅决定着大学生在校期间的学习、生活，而且也直接决定着大学生的心理健康。然而，由于大学生的生理心理发育还不完成成熟，所以其在人际交往过程中会经常遇到这样或那样的问题，及时解决这些问题对大学生的健康发展具有积极意义。

## 第一节　人际交往的内涵

### 一、人际交往的含义

人际交往是指个体与周围人之间一种心理和行为的沟通过程，是人类社会活动的重要内容和形式，是人类社会的本质特征。不管愿意与否，每个人都要与其他人发生千丝万缕的联系。明确人际交往概念的含义，划清它与相关概念的界限，完整、准确地把握其实质等对于提高人们对人际交往重要意义的认识，开展健康、有益的人际交往活动具有十分重大的意义。

与人际交往这一概念相关的概念有人际沟通、人际关系等。人际沟通是人际交往活动的起点和手段，人们通过沟通实现彼此的交往；而人们在交往之后必定会在情感上产生一定的结果和积淀，从而形成相对稳定的情感纽带，这就是人际关系。与人际沟通、人际关系相比,人际交往更具整体性和强调人们在心理、情感上交流的动态过程。

作为社会关系的总和,人必须要在人际交往中才能生存。人际交往的过程,就是信息交流的过程。在这一过程中,人们彼此交流各种思想、观点、情感、态度和意见,并带有很强的目的性。

良好的人际交往是我们追求的目标,但是,人与人的关系又常常处于矛盾之中,例如交往中为利益而产生的摩擦、冲突,造成痛苦、不幸和灾难;交往中因性格、情趣的不协调而发生矛盾,导致人际关系紧张等,这要求我们必须要加深对人际交往的理解,学会与他人进行交往,只有这样,我们才能建立起良好的人际关系,化解矛盾,促进沟通。

## 二、人际交往的特点

人际交往具有显著的特点,概括来说,这些特点主要包括以下几方面:

### (一)主观性

人们通常是为了达成某种需要或为了满足某种目的而与别人进行交往,这使人际交往具有主观性的特征,即交往对象的选择带有主观性。

### (二)复杂性

人际交往随着个体的生长而不断发展,其在少年、青年、成年、老年等阶段会表现出不同的特征,这也使人际交往具有复杂性的特征。

### (三)互动性

人际交往是双方或多方在感情、思想、行为上的互动交流,是一种双向的"输出—反馈"关系,而不是"输出—接受"关系,因此交往双方或多方的心理、情感都会受到互相影响,这也是人际交往互动性特征的体现。

（四）实践性

由于人际交往是在双方或多方同时参与的过程中形成的，因此人际交往具有实践性的特点。

（五）社会性

人际交往的社会性特点主要表现在以下几方面。

第一，人际交往是社会形成的基础之一，没有人际交往，社会难以成形。

第二，人作为人际交往的主题，在成长过程中需要依赖人际交往逐步实现社会化。

第三，人际交往产生于社会群体，并在社会群体中不断发展，因而具有特定的社会内容。

第四，生活在一定的文化环境之中的个人，其思维模式、生活习惯、语言举止等都会带有一定的社会文化特征，因此在人际交往过程中会形成不同社会文化环境中不同的人际交往文化。

### 三、人际交往的过程

人际交往从最开始建立交往到双方情感的深入发展要经历一个由浅入深、由表及里的渐进发展过程，而在这个过程中，人们大致会经过以下四个阶段。

（一）定向阶段

这一阶段中，人们会在产生某种交往的心理需求后，会将注意力优先集中在那些具有某种会激起自己某方面兴趣的人身上，并通过初步接触判断其是否可以作为交往和建立人际关系的对象。这一阶段的时间跨度会随着交往对象彼此之间的契合度而表现出明显的差别，因此会出现在相遇后即相见恨晚，成为密友的现象；也会出现在初步接触后觉得对象选择错误，而再选择其他对象的现象;还会出现因双方都有较强的自我防卫倾向,而需要经过长时间沟通才能建立人际关系的现象。

### (二)情感探索阶段

这一阶段中,交往双方的沟通有所增强,自我暴露的深度和广度也逐渐增加。但这一时期人们的沟通仍然停留在表层,选择的滑梯大多避免触及别人私密性的领域,自我暴露的内容也不涉及自我根本的方面。因此,这一阶段是交往双方在进一步接触中寻找共同的心理领域,以形成情感联系的过程。

### (三)感情交流阶段

这一阶段中,随着交往双方在人际关系安全感的确立,交往中自我暴露的深度和广度也会不断增加,开始讨论一些私人性的问题,如工作、生活中的烦恼,家庭中的情况等。此外,由于涉及的情感交流越来越多,交往双方的关系会越来越稳定,越来越自在,也越来越真诚。

### (四)稳定交往阶段

这一阶段中,交往双方心理上的相容性进一步增加,会允许对方进入自己高度隐秘性的个人领域,彼此互相分享幸福,分担痛苦。然而在现实生活中,很少有人可以达到这一情感层次的友谊关系,大多数人际交往停留在第三阶段中。

## 四、人际交往的心理效应

在人际交往中,不同的群体有不同的特点、交往方式。但是,正如每个人都会有人际交往的需求一样,人际交往也遵循着相同的心理效应。具体来说,人际交往的心理效应主要有以下几个。

### (一)光环效应

光环效应又叫晕轮效应,指的是在人际交往中,人们常将对方所具有的某个特性泛化到其他方面的一系列特性上，从局部信息推论形成一个完整印象，做出全面结论的心理现象。

光环效应对人际交往有很大的影响。多数情况下，光环效应常使人出现"一叶障目不见泰山"的错误，影响理性人际关系的确立。一方面，光环效应可以增加个体的吸引力而助其获得某种成功，我们可以利用光环效应有利的一面，也就是我们在与人交往时应采用先入为主的策略，全面展示自己的优点、掩饰缺点，给他人尽量完美的印象。另一方面，因为光环效应对一个人的不客观评价而对人际交往产生负面影响，也是需要极力避免的。在人际交往中，为了防止光环效应的不利影响，要善于倾听和接受他人的意见，尽量避免感情用事，全面评价他人。

（二）首因效应

首因也可以说是第一印象，因此首因效应也可以说是在人际交往中第一印象形成的心理效果。具体来说，首因效应是指"人们首次交往接触时对各自的直觉观察和判断"[1]。

第一次见面时，交往对象的表情、体态、仪表、服装、谈吐、礼节等使我们形成了第一印象。这种在首因效应作用下形成的第一印象会在相当长的时间里一直直接影响人们对交往对象的评价和看法。初次印象是人际交往的基础，是取信于人的出发点。而且，人们往往对第一次见面时的印象记忆深刻，而对后来接触到的因素不太注意甚至忽略。如果第一印象良好，在以后的交往中总倾向于朝积极的方向去理解对方；反之，则容易形成偏见，朝消极的方向去看待对方。因此，在人际交往中应该注意留给他人良好的第一印象。

（三）投射效应

投射效应就是"以己论人"，即常常以自己的喜好为参照，认

---

① 熊英．大学生心理健康教育与训练［M］．北京：高等教育出版社，2012：198．

为别人与自己具有同样的爱好、个性,以为别人应该知道自己的所想所思等。

投射效应是一种认知心理上的偏差,很容易造成人际交往中的误会和矛盾。我们耳熟能详的"以小人之心度君子之腹",其实就是投射效应的典型写照。当别人的想法或行为与我们不同时,我们习惯用自己的标准去衡量别人,从而认为别人是错的。因此,在人际交往中应该学会辩证地、一分为二地看待自己和他人,严于律己,宽以待人,尽量避免以自己的标准去判断他人,在最大限度内克服投射效应的消极作用。

(四)刻板效应

刻板效应是指人们对于某一类事物或人物形成一种比较固定、概括和笼统的看法,并认为所有的这类事物或人物都具有这些特性。比如,我们一般倾向于认为北方人性情豪爽,胆大正直;南方人聪明伶俐,随机应变;而商人常被认为奸诈,所谓"无商不奸"。

刻板印象常常是许多人在不知不觉中产生的,会对人际交往带来不同程度的影响。在人际交往中,刻板效应的作用有积极和消极之分。积极作用在于它简化了人们的认知过程,因为当人们了解某类人的特征时,就相对容易推断这类人的个体特征;消极作用在于常使人戴有色眼镜看人,产生认知上的错觉,忽视交往对象可能具有共性的同时,还具有自己独特的个性。

(五)近因效应

近因是指在人际交往中近期印象形成的心理效果。近因效应指的是人际交往中人们往往对最近获得的印象清晰深刻,会冲淡和破坏过去一直存在的印象。也就是说,在近因效应的影响下,对他人最近、最新的认识占了主体地位,成为影响人际交往的重要因素。比如,平时表现平凡的同学,因为参加一次竞赛获得全国性的奖励,你很有可能就会一扫其平凡的印象,对其刮目相看；相交多年的朋友，在自己的脑海中印象最深的，可能就是临别时的情景；朝夕相处的室友最近做了一件有损你们友谊的事情，当提起他的时候，你很可能就只记得他的坏处，完全忘了他曾经的好处，这一切都是近因效应的影响。

需要特别指出的一点是，首因效应与近因效应不是对立的，而是一个问题的两个方面。首因效应在人际交往双方彼此生疏的阶段特别重要，但随着双方了解的加深，近因效应就开始发挥它的作用了。也就是说，在对陌生人的认知中，首因效应比较明显；而对熟识的人的认知中，近因效应比较明显。

## 五、人际吸引的规律

人际吸引存在一定的规律，概括来说，其主要包括以下几方面。

### （一）对等吸引规律

根据心理学研究，人们最喜欢那些随着交往的深入而越加喜欢自己的人，最讨厌那些随着交往的深入而越加讨厌自己的人，这实际上也是由人际交往的对等吸引规律引起的，即真心喜欢别人的人也会被喜欢对象所喜欢和欢迎，而讨厌别人的人也会被讨厌对象所讨厌和拒绝，因此在人际交往过程中，要想收获一份真诚的人际关系，首先必须用真诚的态度去对待别人。

### （二）互惠吸引规律

心理学的研究发现，人都有追求奖赏、幸福而避免惩罚、痛苦的心理需求。人们对乐观开朗、助人为乐、富于幽默感、有进取精神的人，常常存在倾慕之情。因为与这种人相处，能给人带来欢乐。对具有相反性格的人，一般来说较为嫌弃。如果交往的双方，能够给对方带来知识的、生理的、心理的和政治等的收益、酬偿，就能增加相互间的吸引，换句话说，就是双方都会因为可以获得愉悦感而进行交往。

（三）互补吸引规律

互补的范围包括能力特长、人格特征、需要利益、思想观点等多个方面。当双方的个性或需要及满足需要的途径正好为互补关系时,就会产生强烈的吸引力。这是因为人们都有要求自我完善的倾向,当个人无法实现这种要求时,便会从他人身上获得补偿,以达到满足个人需要的目的。

（四）接近吸引规律

在人际交往过程中,当交往双方在兴趣、态度、职业、背景等诸多方面存在相似性或接近性时,双方更容易彼此吸引,并进而建立良好的人际关系。这实际上也就是我国古语中所说的"物以类聚,人以群分"。因此,在人际交往的过程中,应尽量选择一些双方感兴趣的话题,努力寻找双方的接近点和共鸣点,以促进双方的人际交往。

（五）诱发吸引规律

在人际交往的过程中,如果出现某些能够正向刺激对方的诱因,则很容易引起对方的注意和交往兴趣,从而有利于交往双方建立人际关系。一般情况下,这些正向的诱因包括得体的装扮、漂亮的容颜、风趣的谈吐、幽默的言语等。但这里需要注意的是,假如这些诱发因素是有准备的前置因素,就必须注意恰当、含蓄、自然,否则可能会带来反面效应。

（六）光环吸引规律

在人际交往的过程中,一个人假如在能力、特长、品质方面比较突出,或者具有较高的社会知名度,那么这些积极特征就会像光环一样产生一种晕轮效应,让他人认为他的一切品质都很有魅力,从而愿意与他交往。

## 六、人际交往的原则

要想与其他人保持良好的人际交往，就需要在交往过程中遵循一些基本原则。具体来看，这些原则主要包括以下几方面。

### （一）尊重原则

人人都有自尊，都有希望得到别人尊重的需求，因此与人交往时必须尊重别人，这样才能获得别人的尊重，也才能与他人建立良好的人际关系。对于大学生而言，他们正处于青春期后期阶段，在生理上虽然已经具备了成人的特点，明确意识到自己是社会的主体，但在心理上仍未成熟，因而特别强调别人的尊重。然而在现实生活中，大学生多强调别人对自己的尊重，而不尊重别人，有的同学常常不尊重别人的人格，给人起难听的绰号，甚至部分场合的大声称呼；有的同学不尊重别人的习惯，拿起别人的杯子就喝，倒到床上就睡；有的同学只顾自己，不管别人，人家熄灯睡觉了，他偏要开灯学习；人家正在专心学习，他却偏要大肆喧哗；有的同学喜欢在背后探听别人的隐私，甚至在大庭广众之下将别人的隐私公之于众。这些行为都是不尊重别人的表现，大学生要想与别人保持良好的人际交往，就必须克服这些毛病，尊重别人。

### （二）平等原则

人有穷富美丑、得志失意，但无论是什么样的人，都应该尊重作为同类的每一个人，承认他们的价值，不以他们的财富、相貌、地位等作为评判他人的标准，并在交往过程中，将他们与自己放置在一个平等的位置上，这样才获得别人的认可，与别人保持良好的人际交往。就大学生而言，虽然他们在家庭背景、经济状况、个人能力等方面有所不同，但在人格、精神方面是平等的，并无高低贵贱之分，这就要求大学生在人际交往中做到平等待人，不要将自己的地位摆在他人之上，也不要将自己的意志强加给对方，这样才能获得别人的认可，也才有助于大学生之间的心理平衡与理解，人际关系才会更加融洽。

（三）宽容原则

在人际交往中，对于对方的缺点和不足，要以宽容的态度来对待，这有利于建立良好的人际关系。具体来看，大学生在人际交往中的宽容主要表现在以下几方面：

第一，能够原谅同学的冒犯。

第二，不事事苛求他人、固执己见。

第三，不在非原则问题上斤斤计较，能够宽以待人、求同存异，这有助于消除人际间的紧张和矛盾。

第四，能够忍耐同学的错误，承认同学间的差异，允许不同观点、见解的存在。

第五，尊重别人的兴趣和爱好，不因为一点小事就与同学发生争执，事后也不会有不与其交往的想法和行为。

（四）诚信原则

交往离不开诚信，一个诚实、不欺骗别人、信守诺言的人才能赢得别人的信任和欢迎，而不诚实、狡诈、背信弃义的人则会遭到人们的斥责和唾骂。可见，诚信在人际交往中的重要性。大学生在人际交往中也应该讲诚信，这需要大学生做到以下几方面：

第一，以诚实为本，不说假话。

第二，不轻易许诺，一旦许诺就要设法实现。

（五）真诚原则

大学生要想获得一份真挚的友情，或者在人际交往中取得成功，就必须遵循真诚的原则，即要实实在在、体贴入微地关心别人，要站在别人的立场上，多替别人着想。

（六）热情原则

心理学研究发现，"热情"是最能打动人、对人最具吸引力的特质之一。一个充满热情的人，首先能让自己愉快起来，从而增强自己对他人的吸引力；其次也能将别人带入愉快的氛围中，从而很容易被他人接纳。因此，大学生在人际交往中需热情待人。

（七）互利原则

人际交往是一种双向的行为，故有"来而不往，非礼也"的说法，可见，在人际交往中，假如只有一方获利，那么这种人际关系是难以维持下来的，只有双方都能从交往中受益（这种利益不仅包括物质的，还包括精神的），才能保持良好的人际交往。对于大学生而言，遵循人际交往的互利原则，就要在与他人相互关心、相互帮助、相互尊重的基础上，让自己与对方都能得到愿望、利益或者心理上的满足。

（八）适度原则

在日常生活中我们可以发现这样一种现象，即我们和朋友争吵的次数远远多于和我们的敌人，这就像磁铁，相互吸引的双方很容易发生碰撞，相互排斥的双方倒相安无事。相互吸引的双方，在一定距离以外，彼此之间主要呈现的是吸引力，而到了一定的距离之内，彼此之间主要呈现的就是排斥力。因此，在现实生活中，我们常发现，最开始去接近某个人往往是被这个人身上的某些优点所吸引，当与这个人的关系较为熟悉后，就会发现他身上某些隐藏的缺点，而最后讨厌他是因为太过接近而看到了他平常不会表现出来的、某些隐藏起来的缺点，可见，与人交往保持一定的距离是非常必要的。当然这并不是说要大学生不要太过接近一个人，而是要学会在接近一个人之前，先明白接近这个人之后可能会发生的某些现实情况，并在心理上对这些情况做好准备。

## 七、人际交往的意义

人际交往有十分重要的意义，具体表现在以下几个方面。

（一）人际交往是个人自我认识的重要途径

人对自己的认识总是以他人为镜，需要通过与别人的比较，把自己的形象反射出来，而加以认识。别人是尊重、喜爱、赞扬你，还是轻蔑、讨厌、疏远你，常常成为认识自我的尺度。从他人对自己的反应、态度和评价中，发现了自己的长处和短处，找到自己恰当的社会位置，从中得到丰富的教育意义，为自我的设计、发展、完善创造了有利条件。离开一定的人际交往，就无法弄清这一点。因此，有必要多方位、多层次、与更多的人交往，与他人有更密切的接触和了解，以吸收更多可靠的信息，更清楚地确定自己的形象，更清楚地知道怎样的行为才最符合自身情况、最有利于自身发展。

（二）人际交往是个人获得知识的重要手段

人际交往是获得知识的重要手段，这主要表现在以下几个方面：

第一，在与他人的广泛交往中，随时可吸取对自己的工作、学习和生活有意义、有价值的知识和经验。

第二，在与他人的广泛交往中，可以借鉴别人的优势改变自己的劣势。

第三，在与他人的广泛交往中，可以用别人的长处填补自己的短处。

第四，在与他人的广泛交往中，可以学习他人成功的经验，吸取他人失败的教训。

第五，在与他人的广泛交往中，可以扩充自己的知识积累，发展已有的知识体系，更新思想观念，追踪新鲜信息。

（三）人际交往是个人社会化的起点

每个人的社会化进程是自出生以来就开始了。人一出生就落入了人际交往中，首先依赖父母的照顾，提供他生长所需要的食物、衣着、抚爱、关怀等。与此同时,儿童也受父母及其他周围人的影响,使自己的行为适合周围环境的需要。因此,从这一角度来看,人际交往是个人社会化的起点。

(四)人际交往是社会联系的桥梁

社会是一个有机整体,它的存在与发展,离不开信息的传播与反馈,以保证管理机构与执行者及各自内部之间的沟通、联络,这一功能除了正式的传播媒介之外,大部分由人际交往来实现。人际交往通过个人间的相互联系、相互影响,把个人联系为各种集体,以实现社会的系统功能。因此,人际交往不但对交往者个人有着重要作用,而且对整个社会都有积极意义。

(五)人际交往是获得事业成功的重要保障

在我们为某一事业奋斗的过程中,需要努力与他人交往合作。一个人的能力是有限的,且各有其擅长的一面,也有其不擅长的一面,这就需要把各人的知识、专长和经验融合在一起,才有获得成功的希望。为此,只有通过人们的相互交往才能实现。同时,在这一过程中,一个人的能力、才华、品格得以充分表现,从而得到社会的承认,他人的肯定,也获得尊重、友谊、爱情和自信心,从而达到在社会和群体中自我实现的境界。

(六)人际交往是维持心理健康的基本需要

每个人都需要友谊、爱情,需要别人的认可、支持与合作,需要与他人保持人际关系。人际交往对人的心理健康十分重要。心理学研究证明,环境剥夺,即以人为方式造成环境中的感觉经验、外来刺激及社会机会的贫乏,对个体的身心发展都会带来极大的影响。人类母爱的剥夺可造成孩子的智力不足和情绪上的挫折与异常。人本主义心理学研究人的心理需要层次时指出,一个人在生理需要得到满足之后,就会追求更高级的需要,如安全需要、归属与爱的需要、自尊与尊重的需要,这些高级需要都是在人际交往中得到满足的。如果建立了良好的人际关系,就会产生心理安全感,对人更加信任、宽容。特别是情绪不好的时候,向人倾诉对于心理健康有积极作用。

## 第二节 大学生常见的人际交往心理问题分析

人是社会性动物,在社会生活中为了满足生存和发展的多项需要,几乎每天都要和他人交往。对于大学生而言,虽然其身心发育已趋成熟,但由于面对的环境相对单纯,大学生在人际交往中常常会出现各种问题,概括来说,这些问题主要有以下九种。

### 一、交往恐惧

恐惧是个体在面对情境并企图摆脱而又无能为力才产生的情感体验。交往恐惧感是指在社交时出现的一种带有恐惧色彩的情绪体验,如见生人害羞、脸红,说活紧张,怯与人交往,甚至交得有些神经质。

交往恐惧是大学生中比较常见的一种人际交往问题。有交往恐惧的大学生不敢与人交往,担心自己不会说话,担心被别人瞧不起,担心自己的表情不自然,总之,交往恐惧的大学生不敢面对别人,不敢在大庭广众之下说话发言,不敢与他人积极交往,对人际交往充满恐惧。大学生交往恐惧的产生原因,具体来说有以下几个:

第一,气质原因。例如有一些抑郁型气质的人,从一开始就常常表现出交往恐惧。

第二,与人交往机会少。由于实际机会少的原因,大学生一直处于求学状态,与人交往的机会较少,而出现交往恐惧。

第三,由于自我保护意识过强,从而出现交往恐惧。

### 二、交往戒备

交往戒备是指大学生在人际交往过程中,由于某些消极心理因素的影响而形成的不切实际的固执的心理偏见，是另一种常见的大学生人际关系问题。俗话说"害人之心不可有，防人之心不可无"，在形形色色的人群中，不乏极少数的虚情假意之人，如果我们抛出了一颗真心却遭到欺骗，造成精神上的损失，这自然是得不偿失的。因此，适当的戒备是应该的，具有一定的戒备心理也是个体心理成熟的标志之一。但是戒备心理过重，则往往会影响到正常的人际交往，说明你对他人的信任度不够，不能够充分相信他人。而人际交往尤其是大学生的人际交往是建立在平等互信的基础上的，少了基本的信任，交往自然无法继续下去。由于对人际交往强烈的戒备，害怕别人在与自己的交往过程中获得某种利益，或自己损失某些利益，不敢与他人进行积极的交往，对人际交往充满恐惧。

### 三、沟通不良

在大学生的人际关系问题中，沟通不良也是不容忽视的一个。沟通不良严重影响了大学生人际交往的顺利进行。沟通不良与缺乏相关的人际沟通技巧有关，许多大学生不知道在何种情况下应该采取何种沟通方式与他人沟通。据调查，大学生人际沟通存在三种情况。

第一，我行我素，从不与人沟通。

第二，虽有良好的沟通愿望但却不知道如何与他人沟通，因而在沟通时往往不能采取正确的方法与他人进行沟通。

第三，通过自己的主动学习掌握相应的沟通技巧，使自己的人际交往技能不断提高，人际关系不断地向良性方向发展。

这三种情况中的前两种都必然会导致大学生的沟通不良。因此，提高大学生人际交往能力，增强大学生人际适应，要将提高沟通能力作为培养和教育的重点。

### 四、人际冲突

在大学生的人际关系中，人际冲突是一个十分常见的问题。人际冲突指的是大学生的人际关系不符合大学生群体对其人际关系的基本认识,导致在大学生个体之间出现的人际关系不协调、不适应的现象。人际冲突不是一种静止的状态,而是一个动态的过程。在这个过程中,冲突双方的认知、情绪和关系都可能发生变化。大学生产生人际冲突的原因,具体来说有以下两个。

第一,自我中心。自我中心是一种个性特征,自我中心者为人处事以自己的需要和兴趣为中心,只关心自己的利益得失,不考虑别人的兴趣和利益,完全从自己的角度,以自己的经验去认识和解决问题,似乎自己的认识和态度就是他人的认识和态度,而且他们固执己见,不容易改变自己的态度,盲目地坚持自己的意见。自我中心者在心中建立起一种虚假的自尊,要求别人必须服从自己,必须满足自己,这种做法明显违背了人际交往的平等互惠原则,任何人都不愿意建立或保持这种人际交往的不平衡。由于这种不平衡的人际交往不能建立,自我中心者虚假的自尊需要也无法得到满足,这必然导致人际关系的冲突。

第二,情绪调控力差。情绪调控力是情商的重要组成部分,是建立和维护良好人际关系的重要保证。情绪调控力好的大学生,在出现人际关系不和谐时能很好地控制自己的情绪,及时调节和引导人际交往向自己希望的方向发展;情绪调控力差的大学生则刚好相反,出现人际关系不和谐时则往往控制不住自己的情绪,使得人际关系向本不应该发展的方向发展,使人际关系不和谐变为人际冲突。

## 五、社交自卑

社交自卑就是指大学生在人际交往中常常因为缺乏自信而难以与他人保持正常的交往关系。存在这种问题的大学生常认为自己处处不如别人,因而在行为上或畏首畏尾,或敏感清高,不轻易与人交往,时时给自己安装上一副盔甲,拒绝别人靠近。

## 六、社交封闭

大学生在未进入大学之前，一般都会将大学生活想象得十分美好，但进入大学后，发现现实与想象之间存在较大差距，特别是在人际交往上，大学生的人际交往相比中学生更为复杂，在这种情况下，部分因缺乏社交技巧的大学生会将自己封闭起来，从而产生社交封闭的问题。存在这种问题的大学生一般有两种表现：一种是总把自己的真实情感、思想、需求等掩盖起来，不愿意让人了解；另一种是由于性格内向孤僻，无法让别人了解自己，从而在心理上难以与他人形成沟通，最终也难以与他人正常交往。

## 七、社交过度投资

随着市场经济的快速发展，"关系说"越来越受到人们的重视，这股思潮也飘进了大学校园中。部分大学生受"关系说"的影响，认为一个人要有所成就，就必须有各种各样的关系，从而将全部的精力投入到发展自己的各种关系上，而将学习丢到了脑后。这种做法虽然表面上来看似乎是符合市场经济形势的，但实际上却是走进了一个死角，忽视了人际交往的其他特性。

另外，还有部分大学生在人际交往中存在付出多少就能得到多少的心理，以为自己全心全意为对方做事就会使关系融洽、密切。然而事实并非如此，因为人不能一味地接受别人的付出，否则会在心理上产生一种不平衡感。此外，过度的付出会让对方产生心理压力，因而也不利于人际关系的维持。

## 八、社交功利心过强

在人际交往的过程中，所有人都存在这样或那样的目的，都有使自己通过交往得到提高的想法，这些都是非常正常的。然而近年来，随着市场经济与高等教育的接轨，市场经济形势下产生的功利性思想迅速笼罩大学校园，从而使部分大学生受拜金主义、功利主义等错误思想腐蚀拉拢,在人际交往中过分重视功利性,只考虑个人愿望、个人利益是否能实现或获得,而不考虑交往的其他特性,从而也令大学生的人际交往蒙上了一层阴影。具体来看,大学生在人际交往中过分重视功利性主要表现在以下几方面:

第一,只与能给自己带来利益等人交往,对不能给自己带来利益的人不屑一顾。

第二,以市场经济通行的"等价交换原则"作为人际交往的原则,靠吃喝建立感情、拉扯关系,靠戴高帽吹捧实现个人目的。

第三,将利益看得很重,存在最好荣誉、利益、成绩都属于自己,别人都不如自己的思想。

## 九、注重江湖义气

受部分书籍、电影、电视的影响,部分大学生热衷于江湖义气,对所谓的江湖好汉崇拜得五体投地,在现实的人际交往中与同学称兄道弟、拜把子、结义等,并崇尚为兄弟两肋插刀的勇者豪气,于是在兄弟出现问题时,根本不管他是否触犯了军纪、国法、纪律等,而只一味地维护自己的兄弟,在这种情况下,就很有可能触犯纪律法规,因此必须引起大学生的注意。

## 第三节　应对大学生常见人际交往心理问题的策略

大学生人际交往能力的提高,有助于协调自身与周围人的关系,快乐融洽地完成大学学业,也为将来步入社会打下了良好的基础。具体来看,可以从以下几个方面来应对大学生人际交往中存在的一些心理问题,提升大学生的人际交往能力。

### 一、形成正确的交往态度

大学生要建立良好的人际关系,必须具备适度的自我价值感,只有具备独特的自我价值和尊严,才能理解他人的独特价值并懂得尊重他人,是否具有这种适度的自我价值感,往往会影响人际交往的模式。美国著名的心理学家爱利克·伯奈依据对自己和他人所采取的基本生活态度,提出了四种人际交往心理模式。

(一)"我好—你不好"的心理模式

这种模式在大学生的人际交往中通常表现为以自我为中心,自以为是,总认为自己是对的,而别人是错的,把人际交往中失败的责任推在他人身上,常导致自己固执己见,唯我独尊,这种人际交往心理模式不利于大学生良好人际关系的建立。

(二)"我不好—你好"的心理模式

这种心理模式在大学生人际关系中表现为自卑,甚至是社交恐惧。著名心理学家阿德勒认为,人在生命的初起是依赖于周围的人而生存的,与周围的成人相比,儿童常感到自己的无能,因而从小就有自卑感,总觉得自己不行,别人行。处在心理成熟过程中的某些大学生,尚未完全摆脱小时候的那种心理模式,在人际交往中会不同程度地表现出自卑心态,严重影响了大学生人际交往心理的正常发展。

(三)"我好—你也好"的心理模式

这种模式在大学生的人际交往中表现出相信他人,能够接纳自己和他人,正视现实,并努力去改变他们能改变的事物,善于发现自己和他人的优点与长处,从而使自己保持一种积极、乐观、进取的心理状态,是一种成熟、健康的人际交往心理模式,有助于大学生良好人际关系的建立。

(四)"我不好—你也不好"的心理模式

这种模式在大学生人际交往中通常表现为不喜欢自己也不喜欢别人,看不起别人也看不起自己,导致自己人际关系很差,比较孤僻,阻碍了大学生人际交往,也不利于大学生的心理健康。

## 二、掌握人际交往的艺术

人际交往是一门复杂的艺术,有着十分丰富、深邃的内涵。大学生应当掌握得当的人际交往艺术与技巧,从而有效避免负面效应,提升个人魅力,达到改善人际关系、人际交往和自我完善的目标。

### (一)讲究语言艺术

语言是一种艺术,使用语言沟通心理,更是一种艺术。在人际沟通中,运用语言表达思想情感,必须注意方式方法和技巧。在人际交往过程中,大学生运用语言艺术可从以下几方面入手。

第一,语言自然要素的运用,即声音的修饰。主要表现在发音准确,音量恰当,表达清晰,音色优美,语气语调把握适当等。这些都属于语言的韵律特征。韵律特征受到许多先天因素的影响,但也能经过后天系统的训练获得。自然要素是良好的语言运用的基础。

第二,语言的表达艺术,即善于使用修辞技巧,如表达幽默、委婉等。在人际交往中,幽默更具有许多微妙的功能。幽默可以吸引听众,缩短人与人之间的心理距离,幽默能使那种严肃紧张的气氛顿时变得轻松、活泼,它能让人感受到说话人的问候和善意,使其观点更容易让人接受。另外,在日常生活中,人们总会遇到一些不便说、不忍说,或者是由于语言环境的限制而不能直说的话,因此不得不故意说些与本意相关或相似的事物,来烘托本来要说的意思,使本来也许十分困难的交往变得顺利起来,这就是委婉的艺术。委婉的显著特点就是言在此而意在彼,它能够解决人们在交往场合中不便直说的困难局面,同时也能体现出对交往对象的尊重与体谅。

（二）重视非语言艺术

非语言一般包括手势、表情、身姿等肢体语言。掌握和运用好这种交往艺术，对大学生搞好人际关系具有积极意义。

1. 手势

手势指手和胳膊的各种动作姿势，它是非语言中最活跃、最具表现力的一种形式。通过手势，交往者可以表达自己的思想感情，也可以了解对方的真实心理状态。例如，高兴时拊掌大笑；悲痛时，以拳捶胸；悔恨时，以拳击打脑壳；气愤时用手拍案等。大学生在运用手势时需要注意以下几方面。

第一，要注意手势的方向。一般来说，向上的手势多表示积极和肯定的含义，向下的手势多表示消极和否定的含义。

第二，要注意手势的形状。比如，两手由合而分，一般表示失望、分开、落空、消极等含义；两手由分而合则表示团结、亲密、联合、积极等含义。

第三，要注意手势的幅度。手势幅度的大小与讲话者的感情和语境有关。大幅度的手势一般表达强烈的情感，显示的是态度的坚决、情绪的激动、气氛的紧张；小幅度的手势多表示心境的平和、情感的舒缓、话题的集中、分析的深入等。

2. 表情

表情在人际交往中起着极其重要的作用，人类接受的非语言信息有七成以上来自表情。在人际交往中，表情能真实可信地反映人们的思想、情感和反应，以及其他的心理活动与变化。首先，从表情我们可以看出一个人的心情。表情是情绪的"晴雨表"，通过表情，我们可以观察到与我们交谈的人的情绪。其次，从表情可以推断一个人的性格。不同性格的人在同一情绪下表情可能不同，常常面带笑容、面部肌肉自然放松的人，他的心态一般比较稳定、平静、开朗；而常常愁眉苦脸、面部肌肉紧张的人，他的心态往往不太稳定,可能心胸狭窄、脾气暴躁。最后,通过表情可以帮助人们正确理解对方谈话的真实意图。由于各种各样的原因,人们在进行言语交谈时并不一定完全说出自己的真实想法,这种时候表情就可以帮助交往的双方辨别出谈话时对方话语的真伪,准确地捕捉对方真实的心理。

表情包括目光、笑容、面容等。目光是人际间最能传神的体态语言,在普通的谈话中,听讲者应看着对方,表示关注,而讲话者不宜再迎视对方的目光,一般情况下说完最后一句话时,才将目光移向对方的眼睛,表示询问"你同意我的话吗?"或者暗示"该你讲话了"。而对方就移开目光,开始讲话。笑容是人们在笑的时候所呈现出的面部表情,它在人际交往中是一种轻松的"润滑剂",是一种令人愉快的体态语言。利用笑容,人与人之间可以缩短彼此之间的心理距离,打破交往障碍,为深入的沟通与交往创造和谐、温馨的良好氛围。但笑也要讲究适时,讲究分寸,否则也会令人不快。其他的面容如眉毛、鼻子、嘴唇等或单独或综合,都能显示出独特的表情,表现特有的内涵。如皱眉表示困惑或不愉快,撇嘴表示鄙夷或轻视等。

### 3. 身姿

身姿指以躯干为主体的身体各部位做出的各种姿势以及呈现出的不同状态。人的身姿也同样能体现特定的态度,表达特定的含义。人在得意时就会昂起头、挺起胸来,在失意时,则会弯腰、弓背、头颅低垂。

站、行、坐是在人际交往时人体所呈现的整体姿态,这些姿势的不同变化,可以表现出人的不同心理状态,传达出人的内在的精神气质。所以,人们往往喜欢通过观察一个人的站、行、坐等整体姿态来对他们进行评价。"站如松,行如风,坐如钟"是人们对人体整体姿态的基本要求。站姿是一种静态的姿势,基本要求是:头端、肩平、胸挺、腹收、身正、腿直、手垂。男子站立,应给人一种稳健的感觉,女子则应保持优美。行姿又叫走姿,它指人在行走的过程中所形成的姿势。对行姿的要求是：轻松、矫健、优美、匀速。给人的感觉应是不慌不忙，稳重大方。坐姿是人在就座之后所呈现出的姿势。从总体上讲，它也是一种静态的姿势。坐姿是人们在交往应酬中采用的最多的姿势。正确的坐姿应注意上身与大腿、大腿与小腿所形成的角度，角度不同，坐姿会有很大的不同。比如这两个角度都呈直角，是在正规的场合的"正襟危坐"；呈锐角或钝角表现出的则是随意、放肆或疲乏。在较为正式的场合或有长者在场，坐下之后不应坐满座位，大体占据三分之二的位置即可。正确的坐姿一般要求上身要挺直，头部要端正，要面对着交谈对象，不可以将身体靠在座位的靠背上，或把头仰放在座椅的靠背上。双腿要并拢，脚尖朝向正前方，双手应掌心向下，叠放于大腿之上，或是放在身前的桌面上。

### 三、优化个人形象

虽然大家都明白"人不可貌相，海水不可斗量"的道理，但在日常交往中却很难摆脱以貌取人的怪圈。这就出现了这样一种情况，衣冠不整、萎靡不振、蓬头垢面的人在社交初期很难得到别人的好感；而长相俊美、衣着整洁、举止得体的人则能在社交初期给人良好的第一印象，有利于进一步的交往。因此，大学生在人际交往中，大学生固然不能以貌取人，但适当地注意自己的个人形象是非常必要的，因为个人形象能够给交往对方留下良好的第一印象，使个人在交往初期更具吸引力。因此，大学生必须注意优化自己的个人形象。具体来看，大学生优化自己的个人形象可从以下几方面入手。

#### （一）完善自我意识

在与人交往的过程中，自我意识对个人的表现会起到很大的影响。当自我意识有缺陷时，人往往表现出拘谨扭捏、故作老练等令人难以接受的表现，也不会引起别人的好感。因此，优化个人的形象，首先就需要完善自我意识，即学会认识、了解自己。只有认识、了解了自己,人们才能在社交场合避开自己的不足,发挥自己的优势,从而增强个人魅力,完善个人形象。例如,嗓音好的人,喜欢参加和组织各种歌唱活动,而嗓音不好的人,则会尽量避开这些活动;口才好的人常常会在各种场合公开发表自己的见解,而口才不好的人,绝不会在众目睽睽之下滔滔不绝地说话。对于大学生而言,只有充分认识自己、了解自己,才能根据自己的特点开展不同的交际策略,也才能让自己的个人形象更加贴切、完善。

(二)提高自己的心理素质

心理素质会对一个人的外在表现产生很大影响,从而也会影响到个人的形象。因此要优化自己的个人形象,就需要不断提高自己的心理素质。例如,有的大学生在人际交往中存在着胆怯、自卑、恐惧、猜疑、嫉妒、自负、封闭等不良心理,在人际交往中会产生唯唯诺诺、紧张不安、猜疑妒忌、自傲自大、孤僻不合群等问题,对他们的个人形象自然也会形成很大的影响,因此,大学生必须加强自我训练,不断提高自身的心理素质,这样才能以乐观向上、落落大方的个人形象出现在各种社交场合,也才能吸引别人的关注,有利于与他人建立良好的人际关系。

(三)提高自身的人际魅力

每个个体都有其内在的人际魅力,这种魅力是一个人的综合素质在社交场合的表现,这就要求大学生从多方位提高自己,不断丰富自己的内心,修饰自己的仪表,丰富自己的谈吐,这样才有助于给人别留下良好的第一印象。具体来看,个人的人际魅力主要表现在以下几方面。

第一,外表美观、大方、干净。

第二,充满自信、开朗乐观。

第三,举止大方、仪态庄重。

第四,言之有物、谈吐优雅。

第五,衣着服饰整齐干净、合体恰当。

### 四、掌握必要的文明礼仪

在人际交往的过程中，文明礼仪是一个人能否在社交场所赢得朋友的关键，因此对大学生而言，掌握文明礼仪是非常必要的。具体来看，在人际交往中，大学生需要掌握的文明礼仪包括以下几方面。

（一）尊重别人的风俗习惯

我国民族众多，各民族都有自己的风俗习惯，大学生必须尊重他们的风俗习惯和各项礼节，这样才能获得别人的尊重，也才能构建和谐的人际关系。

（二）准时守时

准时守时是现代人应具备的素质，大学生作为人际交往的主体，在参加各种活动时，或者与别人有约时，都必须遵时守时，若因故迟到，则必须向对方表示歉意。

（三）及时道歉

在大学生人际交往的过程中，交往双方难免发生矛盾，这时就需要大学生能够及时道歉。这不仅是一个人襟怀坦荡、深明事理、具有勇气的表现，也能够化干戈为玉帛，修复交往双方的关系。

### 五、掌握人际交往的技巧

大学生在与他人建立起积极的人际关系时，掌握一些人际交往的技巧是十分重要的，具体来说有以下几个。

（一）主动与他人进行人际交往

在大学里，来自全国各个地方的同学都聚集在一起。在这样的学习与生活环境中，大学生要想不被孤立，就必须学会主动与其他同学打招呼、进行交际。在很多时候,大学生主动地进行交际都能获得对方的回应。

(二)学会倾听

倾听是一门艺术。倾听不仅仅是凭借听觉器官听说话者的言辞,还需要全身心地去感受对方在谈话过程中所表达的言语信息和非言语信息。在人际关系的改善中,学会倾听他人谈话具有十分重要的作用。

如果能够耐心倾听对方的谈话,就会在无形之中提高对方的自尊心,就会使对方增加对你的信任感,进而加深彼此的感情。但是,如果对方还没有把话讲完,倾听者就表现出不耐烦的态度,就很容易使对方的自尊心受挫,对双方之间的交往造成消极影响。可见,越是善于倾听他人意见的人,人际关系就越融洽。在谈话中,要想做好"倾听",就应注意以下几种倾听方式:

第一,耐心倾听。倾听时,耐心非常重要。不要表现出不耐烦的神色;要精神集中,表情专注,不东张西望,心不在焉;不要做出一些不礼貌的动作。

第二,虚心倾听。即使对方说错了,也不要得理不饶人和进行不必要的争辩,这样会打乱亲切和谐的交往气氛。

第三,会心倾听。听人谈话,不只是在被动地接受,倾听者还应该主动地反馈,反馈时要做出会心的呼应。所谓会心,就是领会诉说者没有明白表示的意思。在交谈时,要注意与对方经常交流目光,要时而赞许性地点头,时而用"哦""是这样的"等言辞来表示你在注意倾听,以鼓励对方继续讲下去。

(三)常常换位思考

换位思考对人际交往具有很大的影响,在交际的过程中,假如大学生能够经常站在对方的立场上,思考假如自己在他的位置上应该以什么角度和方式去理解和处理问题,就能够切身体会到对方的不易,也能够理解对方所做的行为,而这种理解能够加深双方之间的感情融合度,从而增加彼此之间的人际关系。因此,在现实情况下,我们发现,善于交际的大学生,往往能够发现别人的优点,尊重他人、信任他人、宽容他人,能够经常站在别人的位置上去思考,因而能够容忍他人有不同的观点和行为,不斤斤计较他人的过失,并会在可能的范围内帮助他人。他懂得"己所不欲,勿施于人""将心比心""推己及人"的道理,因而也会不强求别人按照自己的想法去做事,从而做到了和而不同,人际交往自然也不会差。

(四)学会拒绝

中国文化中有一种优良的传统,即"好人",这种好人多指的是那种无怨无悔,从来不拒绝别人的人。然而在现实生活中,若好人做过了,则会引来得寸进尺的问题。例如,在大学校园中,代替答到的现象屡禁不止,不少学生都会要求去上课的同学帮自己答到,但若这位同学表现出拒绝的意思,便会招致埋怨。因此,在人际交往中,不能一味地顺着别人的想法走,而要在别人的某种观点或行为不符合自己的愿望,或者不能满足自己的需要求,恰当地拒绝他。而在拒绝的过程中,大学生必须讲究方式、方法,学会委婉地拒绝、幽默地拒绝。具体来看,常见的合理拒绝方式有以下几种。

1. 谢绝法

这种方法是先向对方表示感谢,然后拒绝他,如"对不起,谢谢,这样做可能不合适"。

2. 婉拒法

这种方法是委婉地向对方表示拒绝,如"哦,是这样,可是我还没有想好,再让我考虑一下吧"。

3. 幽默法

这种方法是以幽默的方式拒绝别人,如"啊! 对不起,我今天还有事,只能当逃兵了"。

### 4. 缓冲法

这种方法是以缓冲的方式拒绝别人,如"关于这件事,让我和家人再商量商量,你也再考虑考虑,好不好"。

### 5. 回避法

这种方法是先回避对方的要求的一种不直接拒绝的方式,如"今天咱们先不谈这些,还是说说你关心的另一件事吧"。

### 6. 真情表露法

这种方法是以真诚的语气向对方表示拒绝,如"你的这个方法我是真的很赞成,但我现在心有余而力不足啊"。

### 7. 预测未来法

这种做法是以自己做某件事未来会失败的方式向对方表示拒绝,如"如果真让我去干这件事,就一定会把这事情搞糟的,你还是找×××,或许他能行"。

### 8. 不卑不亢法

这种做法是以不卑不亢的语气向对方表示拒绝,如"哦,我明白了,可是你最好找对这件事更感兴趣的人,好吗"。

### (五)增强对环境的辨析能力

一个人如果能够对情境间的细微不同之处加以区分,往往更能掌握社交环境的变化而作出合宜的行为,以适应不同性质、千变万化的环境。对于人际交往来说,要想有效地达到社交目标,就需要增强对环境的辨析能力,以便因势作出相应的行为。在人际交往中,若能够具有很强的环境辨析能力,便能够根据不同的情境选择不同的应对策略,从而增强人际交往的效果。这也是为什么社交能力越高的人,对环境辨析的能力也越高的原因。以杨修的例子来说,他是个机智的才子,但他所服侍的曹操却是个多疑的人,因而杨修多次能够摸透曹操心思的做法让曹操对他十分嫉妒,未免留在身边造成祸害,最终杀死了他。这一事例说明杨修对环境的辨析能力较弱,他没有辨析出曹操多疑性格必定不允许属下能够猜透自己的心思,因而被杀,也说明了环境辨析能力的重要性。大学生在人际交往中,常常遇到各种情况,这就需要他们不断增强自己对环境的辨析能力,因势利导,选择合适的应对策略,这样才能有助于人际交往的成功。

（六）善于运用幽默

幽默是一种艺术,它能够有效地缓解紧张局面,避免人际冲突,营造出欢娱、快乐的气氛,给人以欢乐满足之感。幽默同时也是一种智慧,是一个人文化素养的标志,它源于豁达的人生态度和对事物深邃的洞察。因此,具有幽默感的人,在现实生活中都具有很好的人缘,能够获得别人的喜爱。大学生要想培养自己的人际交往能力,就需要善于将幽默运用于交往的过程中,创造愉悦的交往氛围,增强个人的人际魅力。但需要注意的是,大学生运用幽默要注意分寸,不可将轻浮、油腔滑调当作幽默,否则便会产生反作用。

（七）给人以真诚的赞美

心理学家认为,赞美能通过他人的赏识和激励释放一个人身上的能量,调动人的积极性。因此,真诚地赞美别人的人肯定也能得到别人的尊敬和喜爱。在大学校园中,每个大学生都希望得到别人的赞美,以实现个体最基本的需要——心理的满足。因此,赞美对大学生而言是一种美好的精神享受,它能有助于大学生的心境变好,获得别人赞美的大学生也会对赞美者表示感激或作出友善的回应,在这个过程中双方的人际关系会变得更加和谐,因此要想赢得别人的好感,就要经常赞美别人。

　　需要注意的是,赞美一个人也是有技巧的,真诚的赞美能使人际关系变得更和谐,而过于夸张、不切实际的赞美就会变成拍马屁,会被怀疑心有所图,赞美自然也不会有好的结果,甚至令人厌恶。另外,赞美假如不是发自肺腑,就会变成了恭维,受赞美的对象会认为赞美者有求于自己,在这种情况下,赞美者自己的人格会被降低,赞美的效果也不会理想。因此,在人际交往中,赞美别人要有理有据,要依据别人身上的闪光点,给予他们真诚的、恰到好处的赞美,这样才能拉近大学生之间的距离。

# 第五章　理性对待：大学生网络心理问题研究

随着社会的高速发展和信息技术的不断进步,互联网在人们生活中的影响越来越大。互联网是一把"双刃剑",能给人带来很大的方便,但使用不当也会给人带来不小的危害。大学生正处于心理发展的"断乳期",很容易依赖网络来帮助自己减轻心理压力,获得一些心理上的满足。不过,过度依赖网络也可能会造成大学生心理行为的失调,使他们产生较为严重的心理问题。所以,为了促进大学生的心理健康,就应当帮助他们辩证地认识网络,理性上网,从多个方面预防他们网络心理问题的产生。

## 第一节　网络的内涵

在不同的领域,网络有不同的定义。我们这里说的网络是计算机领域内的网络,是信息传输、接收、共享的虚拟平台,它把各个点、面、体的信息联系到一起,通过文字、图片、声音、视频等方式传输信息,给人们带来极其丰富和美好的使用和享受。

### 一、网络的特征

网络之所以发展迅速,并为广大的网民所青睐,与其自身所具有的特征有着十分密切的关联。具体来说,网络所具有的特征主要包括以下几方面。

（一）开放性

互联网是一个开放的信息源,它打破了信息交流的时空限制。在网络世界,不同地区、国别,不同种族、宗教信仰,不同社会地位和文化背景的人都可以自由、平等地交流。上网的信息也可以在全球范围内即时、保真地传送,让人们充分享受互联网带来的诸多便利和巨大乐趣。网络真正让"地球村"从概念走向了现实,让整个世界都变成一个开放的世界。互联网的开放性,使其对用户产生强烈的吸引力,并且生命力极其旺盛。在网络开放性的基础上,互联网上庞大的信息资源得以共享和迅速传播。

(二)便捷高效性

随着计算机通信技术的发展,网络已经成为联结世界各国和地区的桥梁和纽带,并且促使一种崭新的信息和通信网络系统得以形成。网络中的信息是以数字的形态用电磁波为载体传递的,所以,我们能够快速便捷地传递和处理数量不计其数的数据、信息和知识,并囊括世界上的万事万物。通过网络,人们可以从海量的信息中快速查询到自己所需要的信息;可以和远在千里之外的亲人进行面对面的交流;可以实现网上学习、网上购物,等等。也就是说,人们利用网络,就可以感知到世界上任何一个地方所发生的事情。网络使"海阔凭鱼跃""天涯若比邻"由期待变为现实,并第一次真实、具体地体现了"秀才不出门,能知天下事"。目前,世界上主要的新闻网站大都能够做到在重大新闻事件发生后的一个小时之内,甚至是新闻发生的同时,使世界上所有的网络用户获得最新的报道。网络成功打破了时空的限制,信息来源异常丰富,搜寻信息也极为方便。上网查阅资料支持教学、科研,已成为师生经常使用的信息收集手段。

(三)虚拟与真实并存性

虚拟性也是网络非常显著的一个特征。"虚拟世界"已经成为网络世界的代名词。在网络世界里,一切都可以虚拟,如虚拟学校、虚拟商场、虚拟会场、虚拟课堂、虚拟医院、虚拟社团、虚拟家庭、虚拟政治、虚拟经济、虚拟信息、虚拟感情等种种虚拟的东西,甚至有人把性别也虚拟了。不过,网络既有其虚拟的一面,又有真实的一面。网络本身是现实的,网络中承载的大部分事件与真实生活息息相关,例如网上的新闻,来源于现实生活;我们发出的 E-mail,大多时候是发给现实生活中存在的人;随着网上支付的推广,我们可以通过网络为家里添置家具、购买年货,得到实实在在的商品。可见,网络是虚拟与真实并存的。

（四）共享性

信息资源的共享给人们带来了前所未有的便利,信息技术给教育领域带来了无比深刻的影响和不可估量的机遇。互联网将成为全民教育的大课堂。网上大学的发展,使得任何一个学习者只要拥有一台电脑,就能够随时随地接受教育,学到大学生在校学习的所有课程。

（五）自主互动性

网络为人们自主地选择网络生活方式、选择交流对象、选择获取的信息提供了客观可能性。网络变传统媒体的单向式交流为双向互动式交流,使人们不再是被动地接受外来的恩赐与强迫,而是可以根据自己的爱好和需要来自主地选择。

（六）个性化

互联网是世界上最大的计算机网络集合,它不仅能够让这些计算机网络实现信息互通、资源共享,而且还能让这些计算机网络互相独立,现实生活中的权利、地位、身份等在网络上都毫无意义,每个网民都可能成为中心,在网络世界中,人们的个性意识得到了不断增强,他们不再为等级制度所制约和影响。可以说,网络为个体的发展提供了广阔的空间,他们的个性在网络中得到了发展与张扬。

**二、网络的心理学分析**

当前,网络已经成了人们生活中的一个重要组成部分。据中国互联网络信息中心（CNNIC）发布的数据显示，截至 2017 年 6 月，我国网民规模达到 7.51 亿，半年共计新增网民 1992 万人，半年增长率为 2.7%。互联网普及率为 54.3%，较 2016 年底提升 1.1 个百分点。我国网民以 10～39 岁群体为主，占整体的 72.1%。其中 20～29 岁年龄段的网民占比最高，达 29.7%。网络的各种特征使现实与虚拟、物质世界与人造空间之间的界限变得越来越模糊，并对人的心理和行为的发展产生了较大的影响。因此，有不少心理学家采取量的研究方法（如心理测量法、现场实验）和质的研究方法（如访谈法、个案研究、文献综述），从不同的角度对网络进行深入而广泛的研究，最后形成了网络心理学这样一门科学。在我国，虽然一些著名的心理学网站都设立了网络心理学专题，也出现了一些网络心理方面的专著，但是总体上这方面的研究还是比较欠缺，还处于初步发展阶段。

在网络心理学中，人们对于网络与人的心理，一般是从以下几个角度进行分析的。

（一）网络与认知

网络是一个典型的人机结合的复杂系统，能形成逼真的、三维的、具有一定视听等感知能力的超现实社会。因此，它极大地拓展了人类的认识和实践空间，能够潜移默化地改变人们对自身和对社会的认识。网络世界不同于现实世界，它摆脱了传统社会的控制，让人用新的视角去接触社会。人们可以不受年龄、性别、身份、相貌等差异的限制而自由地发表意见，传达感受。这能够在很大程度上让人们对自己有一个新的认识。此外，网络中浩瀚的信息量又能够拓宽人们的事业，为人们提供更多自我学习的途径和机会。

当然，网络对人的认知也会产生消极的影响。面对扑面而来的大量信息，人们尤其是那些辨别是非能力较差的人很容易迷失自己，容易因看不清真正的自我而丧失理性。

（二）网络与人际关系

网络所提供的各种方式，如 BBS、E-mail、QQ、微信、微博等能够让人们进行网络人际交往。网络人际交往与现实社会中的人际交往还是有较大区别的。首先，在网络上与人交际时，语言的随意性较大，可以使用各种汉字拼音或英文缩写、数字谐音、网络特定的词汇、网络表情等。其次，网络交往身份虚拟化。网络用户在某个平台上随便登记一个信息就可以获得一个身份，与人聊天，进行交际。再次，网络交往中相对比较平等，不问出生、不分贵贱，即便现实生活中有着极为高贵显赫的地位，在网上也只是一位网民。最后，网络交际具有弱规范性。在现实的人际交往中，人与人之间要遵守一定的社会规范，而在网络中，社会规范被大大弱化，网民们只要按照网络技术要求进行操作，就可以顺利地实现网上人际交往。

当然，网络交际的弱规范性也很容易让一些人放纵自己的道德行为规范，造成非人性化的倾向；也容易让一些人沉溺于网络人际交往而忽视现实社会中的人际交往，从而出现现实社会中的人际交往障碍。例如，莱维特曾通过一项跟踪研究考察了人们上网 1～2 年前后对社会交往与心理健康的影响，结果表明过多使用网络减少了人的社会参与活动，减少了与家人的沟通交流，缩小了自己在当地的社交圈，也增加了个体的孤独感。

（三）网络与情感

网络的即时性、便捷性、虚拟性等特点，使得它成为人们自由阐述观点、抒发情绪、传递情感的一个平台。在这个平台上，人们可以充分地表达和宣泄情感，不受过多的限制与约束。所以，它满足了人们自由表达情感的需求，而负面情绪情感的宣泄，有利于平衡人的心理，促进人的心理健康。

不过，网络既可以给人带来积极的情感体验，也会给人带来消极的情感体验。例如，特克尔经过试验研究发现，一些被试验者因为上网交友而导致社会孤立和社会焦虑;克劳特等人发现过多使用网络会使人增加孤独感和抑郁心理。这主要是因为过多沉溺于网络而减少了与现实社会中人的交往,离开网络就会产生各种不良的情绪情感。

（四）网络与人格

人格是个体内在的心理生理系统的动力组织,决定着个人特有的思想和行为。网络的出现和发展对人格也产生了一定的影响。网络具有分散性、自主性和隐蔽性等特征,这能够有意识地增强人们的自我意识,提高人们处理问题的自主性、独立性和支配性。此外,人们在网络交互过程中表现出来的言行又能使其人格的开放性、平等性、个性化和主体性得到充分的发展。

然而,网络的虚拟性又会弱化人们现实交往的需求,引发诸如自我中心、逃避现实、信任危机、感情疏远、情感冷漠等一系列心理问题。尤其是网络中不断进行的角色转换,又会对人们人格的统一造成很大的影响,使他们出现人格分裂倾向及自我同一性的混乱。

## 三、大学生网络行为的心理需求

大学生作为网民中的主力军,对上网驾轻就熟。那么,大学生喜欢上网的原因是什么? 到底是为了满足什么心理需求? 以下就是大学生网络行为的几种常见心理需求。

（一）探索外部世界的需求

伴随着不断的成长,大学生对书本以外的知识与外部世界事物的渴求越来越强烈,他们想知道他们不知道的一切,而网络能够为他们提供百科全书式的资源,能够让他们方便、快捷地获取信息。网络作为“第四媒体”,集文字、声音、图像于一体,构成了一种立体化的传播形态。它功能多样、信息海量、开放自由,还经济实惠,因而充分满足了他们强烈的探索外部世界的欲望。他们在网上可以直接访问有关领域的资深人士或专家,可以进行包括专业知识、趣味知识、生活知识、外语等多方面知识的学习,可以尽情地漫游、寻访、搜索各种类型的信息库、图书馆,可以围绕其所关心的问题与其他网民展开讨论等。

（二）交友与情感的需求

进入大学校园后,大学生们逐步摆脱了对父母、老师的依赖,开始对同龄人形成新的依赖,他们希望获得更多的友谊,也希望获得一份美好的爱情。而开放的网络能够在一定程度上满足大学生这种强烈的交友与情感的需求。

据相关调查显示,在大学生的各类朋友中,网上相识的占绝大多数,而现实生活中结识的只占少数。在网络聊天中,有关友谊和爱情的话题是最热门的话题。在网上,一个人的所思所想往往是经过一定时间的思考才反映为文字,它展示的是经过粉饰的或者是理想中的自我,能够不受任何限制地关心、理解和尊重他人。因而很多大学生能在这里找到理想化的朋友或恋人,极大地满足他们内心深处对浪漫爱情和友情的渴求。

（三）宣泄情绪、缓解压力的需求

大学生通过上网来舒缓或宣泄情绪也是一个非常重要的心理需求。据调查,当问及上网聊天的原因时,很多大学生觉得网上聊天比现实生活安全轻松,想说什么就说什么,想怎么抒发感情就怎么抒发感情。在现实生活中,大学生由于面对很多方面的压力,产生了不少负面的情绪,有些情绪如果不能得到及时的宣泄,会对其身心造成较大的影响。网络有匿名性、互动性、开放性、便捷性、自由度高等特点,大学生可以随便向网友倾诉自己的烦恼,或到游戏中冲杀一番,总之通过网络中的一些虚拟平台尽情地宣泄自己被压抑的不良情绪和情感,从而释放心理压力、松弛身心。可见,网络能够为大学生适时转移、倾诉和宣泄自己的负面情绪提供机会和场所。

### (四)寻求刺激的需求

大学生对新鲜事物总是充满了好奇心，尤其是对现实生活中难以了解到、难以获得的奇艳事物和信息非常关注。而网络世界中应有尽有。因为互联网把无数局域网连接起来，形成了全球最大的信息库，内容涉及社会生活的各个方面。在上网过程中，大学生能够充分满足自己那种寻求刺激的心理。

### (五)满足归属感的需求

按照马斯洛的需求层次理论，人的需求从低到高有五个层次的需求，即生理需求、安全需求、爱和归属感的需求、尊重的需求和自我实现的需求。大学生在网上寻求爱，同样也寻求归属感。一些大学生在现实生活中，与家庭成员关系不好，与教师和同学关系紧张，就很容易产生认同危机，觉得自己不被大家接受与认同，不知道自己该如何做人。而网络空间能给他们提供许多不同的虚拟环境，让他们找到一个与自己兴趣相投的地方，这就大大满足了他们的归属感需求。他们能够在此暂时逃避现实，获得另类的归属认同。

### (六)自我价值感实现的需求

大学生正处于青年初期，思想比较活跃，有着被尊重、被理解的强烈渴望，同时，随着他们生活空间的扩展和阅历的不断增加，他们越来越意识到自我价值的重要性，也越来越希望去实现自我价值。网络虚拟的世界为大学生满足自己的自尊、成就感和自我价值的实现提供了便利的条件。任何一个大学生在这个世界中都可以建立个人主页，将自己的兴趣爱好等资料公布出来，让网友认识和了解。通过这种交往，他们很容易获得自信、自尊和自我认同等价值。他们也可以在网上进行一些现实生活中没有大胆去做的事情，获得自我效能感。

著名的认知心理学家安德森（Anderson）曾通过研究得出，大学生在虚拟的世界中,会形成更外向、聪明、更善于社交的虚拟性格。尤格(K. Young)的研究也指出,66％的网络成瘾者在网络上创造了新的自我认定,网络成瘾者借网络中的不同角色解放他们潜隐的自我。总之,大学生上网也是希望建构一个理想的自我,满足自我价值感实现的心理需求。

(七)娱乐消遣的需求

互联网集文本、声音、图像、动画等多媒体形式于一体,因而极大地影响着人们固有的文化和娱乐形态。它可以让大学生在网上聊天、玩游戏、打牌、下棋、看书、听音乐、看电影等,不受任何空间的限制。可见,网络大大满足了大学生的娱乐需求。此外,网络可以全方位地打开大学生的各种感觉,让他们的视觉、听觉和触觉协同活动,从而获得多感官的刺激,愉悦身心。

# 第二节　大学生常见的网络心理问题分析

## 一、大学生常见的网络心理问题

网络虽然能够满足大学生的多种心理需求,在一定程度上发挥了其积极的作用,但是沉迷于网络,也会给大学生带来不良的影响,尤其是让他们出现各种网络心理问题,损害他们的健康身心。概括而言,大学生常见的网络心理问题主要有以下几种。

(一)网络成瘾

1. 网络成瘾的表现

(1)强迫性上网

这是指大学生控制不住自己想上网。他们平时没事就不自觉地产生一种想要上网的冲动与渴望,并想方设法付诸实践,甚至有不少大学生会频繁逃课去上网。

（2）花费大量时间上网

每天上网的时间超长指每天上网时间通常都在 7～8 小时以上,不知疲倦、不知饥渴。上网时精力极为集中、倍感精神愉快,从网上得到前所未有的解脱与欢乐,忘记现实社会生活中的忧伤与烦恼。

（3）网络退瘾

这是指大学生如果突然被迫断网,不能进行网上活动时,容易出现挫败的情绪反应,如注意力不集中、心情不好、寝食难安、手足无措、内心空虚等反应。一旦可以上网,上述症状就立马消失,同时产生精神上的愉悦感。

（4）网络成瘾耐受性

这是指随着网络使用经验的增加,大学生只有在长时间上网,得到较多的网络信息后才可能满足自己的一些需求,短时间的上网根本无法满足。

（5）出现行为反差

网络成瘾的大学生会经常对人说谎、网恋或盗用别人账号,有的还经常表现出逃学、脾气暴躁、不与身边人交往等反常行为,一些人还走向犯罪的深渊。

2. 网络成瘾的类型

网络成瘾主要有网络游戏成瘾、网络关系成瘾、网络色情成瘾、网络信息成瘾、网络购物成瘾等。

（1）网络游戏成瘾

由于网络游戏的数量大,花样多,而且更新速度快,上网者对其过分痴迷。大学生尤其是热衷于那些互动性很强的智力开发游戏,但是那些反动愚昧、血腥暴力、色情游戏,也吸引了很多大学生,这对他们造成了很大的毒害和误导。大学生独立性差,自控能力低,如果长期到网吧玩电脑,极易产生上瘾的症状,出现网络游戏成瘾的问题。网络游戏成瘾的大学生一般都会不可抑制地将大量的时间、精力和金钱都花费在网络游戏上,而且对待学习、生活也开始游戏化。长时间痴迷于玩游戏,严重影响了他们的身体健康和心理健康,导致他们在现实环境中反应变慢、表情呆滞、性格不稳定,极易生气和发怒。

(2)网络关系成瘾

网络关系成瘾,是指大学生沉溺于通过网络聊天来广泛交友,维护网络人际关系。其表现为:大学生每天花大量的时间,甚至逃课,利用各种聊天软件以及各种网上交友平台与人聊天,试图与他们建立友谊或恋爱,而不顾现实生活中真实的人际关系,觉得网上朋友比现实生活中的家庭成员、朋友或同学更重要。

此类成瘾的大学生可分为三种情况:网络交友成瘾、网恋成瘾、网婚成瘾。

网络交友成瘾,往往是指过分迷恋在线人际关系,将全部精力投入在线人际关系的建立,在线朋友变得比现实生活中的人际关系更重要。长时间的在线聊天代替了真实的社交活动,达到了成瘾的程度。

网恋成瘾者的交谈双方通常是异性。他(她)们在网上通过聊天确定恋爱关系,并享受着"爱情"给他(她)们带来的快乐,沉醉在网络所创造的虚幻的"柏拉图之恋"之中,难以自拔。

网婚,是上网者利用网络虚拟结婚的一种网络游戏行为。网婚双方通过网络,利用语言和图片等,创造出一些刺激场景和虚拟温情,包括虚拟的性生活,在网上谈情说爱,居家过日子。网络婚姻需要的道具很简单,一台电脑、一根网线、一个虚拟婚姻的网站,找到自己喜爱的虚拟爱人,网婚生活就这样开始了。

(3)网络色情成瘾

网络色情成瘾,是指大学生沉迷于各种网络色情网站,或沉迷于网上虚拟性行为等活动而不能自拔。当前,网络的易介入性和直观性,使网上的色情信息随处可见,各种色情的话题、图片和音像时不时地在网络上传播。对于大学生来说,网络已经成为他们生活的一部分,只要他们上网,就难免会遇到色情广告和色情网站。这对涉世未深,自控力不强,对性怀有强烈好奇心或兴趣的大学生而言，很容易受到色情信息的影响而沉溺其中。

美国心理学家库伯指出，如果每周浏览色情网站的时间超过11小时，就有网络色情成瘾的嫌疑。库伯特别提示学生更可能是网络色情的受害者，因为他们拥有大量的个人时间，并基本掌握网络技术，但是他们又缺乏应有的技能来对付性和色情的问题。网络色情成瘾给大学生的成长带来了极为不利的影响，有的大学生甚至因此开始从事违法犯罪活动。

（4）网络信息成瘾

网络信息成瘾，是指大学生不受控制地总是浏览网页，从网上查找和收集那些对自身并没有多大实际作用的或者不是迫切需要的信息。网络信息纷繁芜杂、良莠不齐，让搜索者无所适从，不知道选择哪些信息好，而又舍不得割爱，索性尽可能全部收集下来。在搜集信息时，因为搜索不当或者受到其他信息干扰，注意力分散，很容易迷失在信息的汪洋大海中，转而关注其他感兴趣的信息，却忘了自己原来打算搜集的信息。网络信息成瘾这种无法自控的信息搜索行为使大学生浪费太多的时间和精力，身体健康也受到损害，导致视力下降、头晕、厌食、烦躁、焦虑等症状的出现，严重地影响大学生正常的学习和生活。

（5）网络购物成瘾

网络购物成瘾，就是指大学生以一种难以抵抗的冲动，一而再，再而三地将大量的时间、精力和金钱用于网上购物，沉迷其中不能自拔。网上商品琳琅满目、价格便宜，购物方便快捷、快递送货上门，支付方式简单，足不出户就可以把商品拿回家。网上购物，省时省力又省钱，还可以按出厂价买到一些厂家在网上直销的产品，而这在实体店里是买不到的。因为网络的便利性，在网络上购物的人越来越多，网络购物成瘾者也大有人在。网络购物虽然能够带来便利，但是也要讲究有效利用。网上购物成瘾其实和大学生沉溺于网络游戏、上网聊天的现象类似，当事人在虚拟空间里难以把控自己。网购成瘾的人禁不住诱惑买一大堆用不着的东西，究其主要原因是他们平时生活、工作压力大，并以此作为发泄的途径。不可忽视的是,这种惯性行为会演变成一种"强迫行为"。因此,"网购瘾"可以被视为"都市病"的一种。

（二）网络恐惧

大学新生尤其是那些来自经济落后地区的农村学生,几乎没怎么接触过网络或接触很少。当他们进入大学校园后,面对丰富多彩的网络界面,看到层出不穷的各种网络书籍、电脑软件,看到周围的同学熟练地使用电脑,自由地浏览、聊天时,有一些学生就会感到害怕和迷茫。

他们之所以产生"怕"的感觉,主要有两个方面的原因:一是怕自己学不好计算机而被他人嘲笑为无能或赶不上他人而落伍,"无能感"油然而生;二是怕自己学不会或学不好计算机操作,以至于不能有效利用网络来学习和生活甚至可能成为"网盲"。

有些大学生对于网络现象出现"迷茫",这种情况是由于五花八门的电脑书籍和软件使得他们眼花缭乱,不知道学什么,由此产生对网络的畏惧感。对于大学新生来说,产生这种网络心理畏惧是非常正常的。

除了上述情况之外,还有一些对网络比较熟悉的大学生也有这样的障碍,他们对网络的畏惧主要是害怕跟不上网络的快速发展,怕掌握不了新的网络技术而被淘汰。不过,这种恐惧可以在一定程度上激发起一部分学生进一步研究和积极学习网络制式的积极性和主动性。这种恐惧会伴随着大学生走过人生的四季。

（三）网络孤独

高校中有不少大学生都希望通过上网获取大量信息、网上娱乐、网上人际交往来提高或改变自己。尤其是一些性格内向的大学生,在现实生活中不善于与他人交往,通过网络,他们的这种性格特点被隐藏了起来,他们可以在网络中任意地与网友聊天,甚至发泄自己内心的情绪,这使得他们的内心得到了极大的放松,情感得到了一定的满足,他们通过各种宣泄,感到自己的内心非常愉悦。但是网络毕竟是虚拟的,一旦离开网络后,这些大学生还是需要与现实中的人接触,此时他们就感到了一种深深的距离感。他们不懂得怎么与人友好地相处,也讨厌社会上那种虚情假意的人情来往,于是陷入一个人的世界中。可见,上网未能解除孤独,甚至还加重了原有的孤独。

此外,由于人与人之间的交往中 80％的信息是通过非语言的方式(身体语言)如眼神、姿势、手势等传达的,当那些善于通过这些身体语言来解读对方心理的性格内向者,试图借助网络来排泄自身的孤独时,网络所能给的只能是键盘、鼠标和显示器所造就的书面语言,这使得他们也感到了一种深深的孤独感。

(四)网络情感冷漠

大学生的情感体验极为丰富、强烈、敏感,也极为复杂,表现得很不稳定,富于激情,表现出冲动性和爆发性的特点。网络世界是由高科技建造的虚拟空间,其虽然高效、开放、生动,但缺少人情味,即使网页再精彩、再生动,也是一种机器的界面,只是以程式化的方式展示和传递信息,无法体验与感受面对面交流的情感色彩。

大学生如果长时间地上网,沉迷于虚拟世界中,就可能极大地妨碍他们通过亲身的社会实践生活来形成稳定良好的社会情绪体验。他们就会慢慢变得分不清什么是现实、什么是幻想,甚至还会将虚拟世界中的冷酷与无情带到现实生活中来,对周围的人和事变得冷漠,总是不关心任何事、任何人,不会对外界刺激做出相应的情感反应,面部表情呆板。

(五)网络自我迷失

在网络中进行交往时,人们可以匿名进行,这就使现实社会中的道德规范失去了应有的效应。有不少大学生在上网时,就妄想凭借计算机网络所提供的方便性和隐蔽性,完全摆脱现实世界对个人的规范和要求,全力追求个人心理的满足,为此,不断地更换自己的网上身份,这样没有人知道他是谁,这时他便可以随心所欲,扮演各类角色,玩各种游戏,发泄对现实社会的不满,甚至还在网上随意谩骂、诽谤他人,着意编织不文明语言或暴力游戏去投人所好、伤害他人,在网上尽情地展示出了人性的阴暗面。网络虚拟世界给个体带来了自我体验的"边缘感",典型例子为网络黑客、网络犯罪。

还有一些大学生对一些社会现象抱有很深的成见,想通过上网发泄不满,逃避社会,结果发现网络上充斥着各种各样的色情图文、脏话、无聊的帖子、庸俗的话题,这又使他们在对社会产生失望之后又对网络产生了失望,从而使他们无法找到发泄和展示自我的平台,最终往往会导致大学生对自我的认识和认同出现迷失。

## 二、大学生网络心理问题产生的原因分析

大学生之所以产生上述各种网络心理问题,主要有以下几个方面的原因。

### (一)大学生自我控制力、约束力较差

大学生正处于青年期。青年期是人生中感情最丰富的时期。大学生有着丰富、复杂而又强烈的情感世界。这种丰富、复杂而又强烈的情感的消极表现就是自我控制力、约束力差。在大学这个相对宽松的环境里,自我控制力、约束力差几乎就是放纵的代名词。另外,大学生在求学、就业中充满着竞争、冲突、矛盾和挫折,使他们对社会环境以及校园生活中的诸多不完善的方面大为不满,造成并加剧了大学生的空虚。网络对任何想进入的人几乎是没有约束的,只要随便填写一下注册表或者登记表,就可获得一个相应的身份,并以这个身份在网上不受约束地与各种人进行交往。大学生上网的地点(学校机房包括图书馆、校园周边的网吧和宿舍内)不可能实施对学生上网有效管理。网络的这种特性恰好满足了自我控制力、约束力差的大学生的心理需求,他们可

以在网上无所顾忌、为所欲为地放纵自己的行为。

### (二)家庭教育存在一定的问题

调查研究表明,家庭气氛越好,子女对现实社会生活的参与度和满意度越高,其情感体验和表达就越积极正向,并且乐于参与各种社会活动,较为认同和适应集体,对生活保持乐观的态度。当进入网络世界时,也能保持较为清醒的认识,从而最大化地利用网络所带来的便利。而家庭气氛越差,子女对现实社会生活就会越疏离,产生的负性情绪也越多,从而更易在网络虚拟世界中寻求情感补偿,而过多使用网络又会导致其社会联系的大量减少,出现各种心理问题。

### (三)消极的网络内容对大学生产生较大的诱惑

网络最大的特点是不设防火墙,信息容量大,覆盖面广,并且各种各样的信息良莠不齐。大学生正在接受高等教育,自主意识强烈,在文化品位上需要有自己独特的个性。网络这种既符合时代潮流,又含有较高知识信息的新事物,在他们眼里便成为一种高雅、时尚的东西,因此对之趋之若鹜,这也是大学生网络心理障碍的诱因。

当前,网吧遍布我国城乡的大街小巷,很多家庭也拉上了无线网,大学生拥有大量的空闲时间,一部分在现实生活中遇到烦恼或心理问题没有勇气找人倾诉寻求心理帮助、缺少感情交流的大学生,便诉诸网络。可是他们一旦上网就忘了上网的目的,富有互动娱乐性的网络游戏和网上聊天室对他们有着强大的诱惑力,使他们忘记了学习。另外,消极的网络内容对大学生具有极强的心理诱惑力,由于我国在性教育方面存在一定的误区,部分大学生需要感官上的刺激来满足一种好奇,网站上的各种色情内容满足了他们对性的好奇与渴望。因此,对控制力、约束力差,缺少有效监督的大学生来说,网络是非常危险的。

## 第三节　应对大学生常见网络心理问题的策略

### 一、大学生方面的策略

（一）正确认识网络

互联网的出现,宣告着人类信息时代的真正到来。它突破了时空的限制,大大拓展了人类的交往空间,深刻地改变着人与人、人与社会的关系,给人类带来了一个全新的时代。

然而,我们必须认识到网络是一把"双刃剑"。网络世界既是一个充满自由、开放、平等的世界,也是一个充满着诱惑与陷阱的危险之地。对于大学生来说,应该认清网络世界并非真实的社会,网上暂时的成功并非是真实的成功,虚拟的情感宣泄与满足也并非能得到真正的快乐,应该认清网络带来的并非是鲜花与美酒,也会给自己带来苦涩的恶果;应该看到网络只是一个工具,网络资源是人类社会不可缺少的财富,应该科学合理地利用这一工具,发掘更多有价值的信息和资源,并对此进行充分的利用,而不能对网络进行破坏与滥用,因为这会对社会正常秩序的极大破坏,会危及我们每一个人。

大学生对于网络世界常常会出现一些错误认识,如夸大网络的功能并进而认为网络是解决一切问题的灵丹妙药,或是认为网络是带来人的自我迷失、人与人之间的相互欺骗、社会秩序紊乱的症结,从而完全否定网络的作用。客观而言,大学生只有对网络有正确的认知,才能够以健康的心理和正确的态度去面对网络,才能够合理地使用网络资源,准确把握自我,认清自己的真实需要,将现实社会与虚拟社会的关系处理好,使网络心理问题的产生得到有效避免。

（二）理性分析迷恋上网的原因

大学生应对自己上网的动机进行分析,充分认识上网的诱因。具体做法为可以比较上网前后的两种感觉，弄清楚自己希望从网上得到什么，逃避的是什么。如果上网是由于现实中的孤独，那就要认识到虽然自己在网上花费了大量时间，但存在于现实生活中的孤独感并没有因此而得到减弱或消除。针对这种情况，应该深入地分析造成自己孤独的原因，并有针对性地采取科学的措施消除这个因素，彻底改变目前所处的困境。另外，大学生还可以将自己在网上表现的优良品质，运用到现实生活中，观察一下其在实际生活中所产生的效果；也可以尝试一种新的生活方式，从而发现一些生活的乐趣，摆脱困境。

### （三）充分认识网络心理问题的危害

很多大学生上网主要是为了满足自己的各种需求，然而过度地沉迷于网络，会让他们产生各种网络心理问题。这些网络心理问题对大学生会产生不小的危害。在长期的网络心理问题下，大学生会出现以下几个方面的显著后果。

第一，学习效能会越来越低。他们常常上课注意力分散，听课、读书抓不住要领和重点，总想着网络上的事情，学习效率非常低；记忆力也明显减退、注意力涣散、思维迟钝、自学能力和语言表达能力较差。

第二，出现人际交往障碍。大学生长时间与网络相处，会在情感上对网络产生眷恋和过分依赖，从而不善于与人交流，产生心理上的孤独感和人际交往障碍。大学是人们踏入社会的缓冲期，而在这一期间大学生除了学习专业知识以外，开始更全面学习社会中人与人之间的交往。而沉溺于网络的大学生缺少了对人际交往技能的学习，从而影响了正常的人际交往。

第三，社会适应能力缺失。大学生沉溺于网络，容易出现情感冷漠问题，长此以往，他们会对现实世界越来越逃避，人际交往能力更差，继而也就越来越不适应现实的社会，难以融入正常人的生活。

第四，可能导致犯罪。大学阶段正是青年学生世界观和人生观形成的关键时期,网上那些反动的、暴力的、腐朽的、黄色的等不健康的东西很容易就能侵蚀、毒害大学生的道德观、价值观和文化观,造成他们的行为与现实社会规范相背离。如对他人的感受漠不关心,忽视社会道德规范、行为准则和义务,对自己的行为不负责任,常因微小的刺激引发攻击、冲动或暴力行为,甚至走上犯罪道路。

(四)科学合理地利用网络

虽然网络对大学生产生不小的消极影响,但不得不说网络是当前行之有效的信息、资讯收集工具,也是非常实用的沟通与娱乐的工具,更是推动社会和科技前进、方便人们生活的工具。所以,就像所有的工具一样,如何合理地使用才是关键。一把刀可以用来切菜,当然也可以用来"切"人,你并不能因为菜刀砍伤了你就说这刀的品质有问题。而人类的优越性也正在于我们懂得如何运用工具。

适当的上网时间,健康的上网心态,以及必要的自制力就是合理运用网络的基本手册。大学生如果能够合理地利用网络,用于收集资料、适度的娱乐,那么对于自身的身心是有益而无害的。互联网并不是猛兽,相反,对网络合理的利用还可以使当代大学生获得更多的知识与信息,只要能够冷静地面对网络,那么网络与心理障碍就不会联系在一起。当代大学生是民族的希望,是社会的栋梁。只有以健康的网络心理,慎重对待网络,理性运用和熟悉掌握网络技术,才能在网络时代立于不败,保持领先,迎来未来的光明、成功和辉煌。

(五)自觉遵守网络规范和道德

大学生要树立良好的网络道德,加强自身上网的政治意识、自律意识、法制意识、安全意识、责任意识。具体而言,大学生自觉遵守网络规范和道德,需要做好以下几方面:

(1)传播文明,不在网上说下流、淫秽、恐怖的语言,不浏览、传播或者下载、复制、制作各种色情淫秽的文章和图片，不利用互联网发布虚假、污秽信息。

（2）不过分沉溺于网络世界，遵守网络文明公约"五要五不"：要善于网上学习，不浏览不良信息；要诚实友好地交流，不侮辱欺诈他人；要增强自护意识，不随意约会网友；要维护网络安全，不破坏网络秩序；要有益身心健康，不沉溺虚拟空间。

（3）不做不道德的"黑客"，不从事网络赌博等非法活动，不破坏网络系统，或者威胁网络安全。

（4）对一个时期以来业已存在并不断蔓延的网上不文明行为和网络道德失范现象，予以避免和消除。

总之，大学生应该充分发挥积极作用，不从事有害于他人和社会的网络活动，树立健康的网络心理。

（六）积极参加健康有益的活动

参加各项有益的校内活动和校外社会实践活动，可以分散自己对网络的专注，也可以获得身心的愉悦。在活动中，通过种种感官去感受事物，也可接触各种人与事，并从中获得知识，开阔视野，增强思考能力。通过多种形式的活动，可以学到某些技能，提高实践能力，因为参加丰富多彩的活动不仅要看、要听、要想，而且要说、要写、要做。

社会调查、劳动、参观、访问、文艺、体育、科技活动都要身体力行，从活动的准备到活动的进行都可以得到一系列的学习、锻炼机会，从而提高自己的实践能力。通过班级集体活动能够促进学生良好个性的形成。学生的个性品质、兴趣、才能等在集体活动中能得到表现，也在活动中得到巩固、发展和调整。性格内向的学生，有的由于在多次活动中获得满意的角色而积极参与，其智慧和特长得到发挥，人开始变得活泼、开朗，乐于与别人交往。而热情欠踏实的学生，在集体活动中多次承担较复杂的任务，也可锻炼得比较冷静、实在。

（七）掌握戒除网瘾的有效方法

网络成瘾问题是网络心理中最为严重的问题,有些网络成瘾的大学生严重影响正常工作学习、甚至出现过猝死的事情。因此,很多人对网络成瘾进行了相关研究,并力求寻找出最为有效的戒除网瘾的方法。大学生如果充分掌握这些方法,对于自己预防网瘾和戒除网瘾是有非常大的帮助的。归纳而言,目前较为有效的戒除网瘾的方法有以下几种。

1. 时间管理法

为了戒除自己的网瘾,大学生可严格管理自己的上网时间,通过遵守设定好的上网时间和上网目标约束自己,逐步戒除网瘾。具体做法如下:

第一,设定每天总的上网时间。例如,每天上网累计不超过3小时,并逐步缩短,且连续操作1小时后休息15分钟。

第二,每次上网前先设置时间警示框、手机闹铃和限时关机等,来提醒自己。例如,上网30分钟后,电脑上自动弹出"您已上网半个小时,距离结束时间还有半小时,请及时调整您的网上任务进度"的对话框。

第三,明确上网的目的,有选择地浏览自己所需要的内容。大学生可以列一个清单,规定在什么时间干什么。与此同时,大学生还可以将上网时间纳入一周计划,以便明确地监督和控制自己的上网行为,并经常反思自己的行为是否偏离目标。

2. 打破常规法

采用打破常规法来戒除网瘾,大学生首先要对自己的上网习惯和上网诱因有充分的了解。例如,上网主要集中在一周内的哪些时间段?每天大概什么时候开始上网?一般在哪里上网?在网上主要干些什么?上网后和上网前有什么不同的感受?自己预期的目的是什么和获得了什么?在全面了解了自己的上网情况后,大学生可以打破常规,改变原有的上网时间、地点、内容等,制订一个新的上网计划。在使用这种方法时,如果能够配合时间管理法进行,往往能够收到更好的效果。

3. 自我暗示法

这是指让具有网瘾的大学生将过度沉迷于网络的坏处写在纸上,贴在自己能经常看到的地方,每天时不时地默念一下,提醒自己不要过度上网。同时,大学生也可以经常对自己说"我一定能戒除网瘾""我一定行""加油"等暗示语言,来不断强化自己的正确上网行为,坚定自己的意志,抑制上网欲望。

4. 替代法

这是指网络成瘾大学生用健康的体育、休闲、娱乐等活动来代替上网,有意识地培养其他爱好。需要注意,这里用来代替上网的活动必须是网络成瘾大学生自己确实认同和感兴趣的活动,否则就没有意义。因此,可以选择网络成瘾大学生以前感兴趣、现在依然感兴趣的活动,也可以选择网络成瘾大学生现在更感兴趣的活动。确实符合网络成瘾者喜好的替代活动,能够在很大程度上转移其注意力,抑制其对网络的依赖心理,同时,还能够为大学生创造更多满足安全、交往、尊重、自我实现的条件,满足他们各方面的心理需求。

5. 行为强化法

根据操作性条件反射理论,如果在个体的某一种行为之后给予一定的奖赏,那么这种行为在同样的环境条件下就会持续和反复出现,这就是行为强化法。具有网瘾的大学生也可以根据这一方法来逐步戒除自己的网瘾。具体来说,大学生可根据当天自己的上网情况给自己一些小小的奖励。例如,在规定的时间内没有上网,则给自己买一件喜欢的东西。奖励可以和惩罚一起进行,效果更佳。也就是说,如果没有在规定的时间内抑制自己上网,就惩罚自己跑 5000 米。当然,奖励和惩罚可以由自己执行,也可以请室友、同学、老师、家长等协助执行。

### 6. 厌恶疗法

厌恶疗法是指将厌恶刺激作为惩罚性的无条件刺激,使之与引起大学生不良上网行为的条件刺激相结合,从而引起大学生对自己不良上网行为的厌恶、恐惧或回避,最终消除不良上网行为。例如,具有网瘾的大学生可以在左手腕带上较粗的橡皮筋,当在不应当上网的时候却有了上网的念头或按照计划到了下网的时间不想下网时,则立即用右手拉弹橡皮筋,一般橡皮筋回弹会产生疼痛感,拉力越大越疼,这种疼痛的感受往往是大学生所厌恶的。为了不受这种疼痛,大学生就会转移或压制上网的念头。

## 二、家庭方面的策略

家庭是大学生最基本的社会化环境,大学生网络成瘾难以控制的最大因素就是家庭关系不协调、教育方式的不恰当。对大学生进行科学合理的家庭教育,不断改善家庭的环境氛围,也能很好地预防大学生的网络心理问题。具体来说,家庭可注意做到以下几点。

### (一)树立正确的网络观,提升家庭教育指导效果

一些大学生不能正确使用网络,出现很多网络心理问题,与家长在这一方面的认知缺陷是有一定关系的。父母应当有意识地认识和了解一些正确的网络知识和网络的合理运用方法,对孩子产生良好的影响。有的家庭管理过于放松,家长不能辩证地认识网络,一直以来对孩子上网也不加以控制,进入大学后更是任其玩电脑,最终孩子沉迷于网络游戏或网上聊天等。而有的家长则由于害怕孩子上网成瘾,不敢让孩子接触计算机,更不允许涉足网络。

当家长自身有了正确的网络观,其才能帮助孩子树立正确的

上网观念并培养其良好的上网习惯,积极引导大学生合理分配上网时间,培养其形成良好、文明的上网习惯。所以,家长一定要做好表率。

(二)深化亲子之间的情感交流

父母作为孩子生活的管理者,与孩子有着较为密切的联系,虽然在孩子上大学后,直接的生活联系少了,但心灵还是靠得比较近。大学生出现一些网络心理问题,与家庭气氛差,家庭成员关系紧张有一定的关系。因此,父母应创造良好的家庭氛围,把握沟通的技巧,满足大学生的精神需求,鼓励大学生参与有意义的社会活动,培养其责任感和自信心。这样有望减缓孩子的上网欲望,避免大学生因生活中缺少温情与关爱而沉迷于互联网。

(三)不断关注大学生的实际需求

大学生的人生观、价值观及道德观必须从小开始培养。只有有了正确的人生观、价值观和道德观,才能正确对待自己不同学习阶段所表现出来的不同层次的需求。家长要根据实际情况,根据不同时期特定心理因素,尊重孩子各种层次的需求,可以适当地满足其合理的需求。但是,绝不能对其各种需求一味地满足。尤其是对孩子上网的需求,家长要根据孩子所处的学习阶段,以及学习任务的轻重,予以合理地满足。

## 三、学校方面的策略

(一)加强校园信息管理

在当前校园网络信息广泛传播的环境下,加强校园网络媒体的建设具有重要的现实意义,也是势在必行的。

首先,借助网络传播监管技术,对网络传播行为进行源头上的规范。同时,大力倡导网络实名制,即网络传播主体可以在网上采用匿名的方式发布信息,但在网络注册时,应该登记个人的真实身份资料。

其次，加强对网络传播行为的有效监管。针对网络信息传播速度快、影响范围广等特点，建立网络监控体系，力争将网络传播过程中产生的各种违法行为和不健康言论扼杀在萌芽状态，禁止其扩散带来负面影响。此外，学校还应该加强网络工作队伍的建设，对校园网络信息进行及时跟进，在信息的接受、提供、修改和发布过程中，科学理性地选择信息源，周密而慎重地提供和发布各类网络信息，关闭发布不实、不健康、不安全信息的网站，采取屏蔽、删除及限制权限等手段来实现网络的监管，从而充分发挥校园网的作用，促进资源交流和信息共享，净化校园网络信息环境，积极推进良好网络信息环境的建设。

最后，学校要充分发挥网络传播的积极正面示范作用，特别是开展全面的教育。各学校一方面要加强对广大教职员工进行网络教育，使其适应新形势下网络工作的需要；另一方面要对学生开展广泛的思想政治教育，督促他们主动学习网络知识和技能，从而强化其政治意识，正确对待和使用网络。

（二）改进完善高校网络制度，营造良好文化环境

高校教育与管理工作的重点是培养大学生鉴别是非的能力，积极开展各种网络活动，自身装备"网络心理健康防火墙"，使大学生自觉地维护和保护自己的身心健康。高校应该帮助学生建立各种团体，在学生参加团体组织的活动过程中，满足他们被接纳、关爱和归属的需要。为了加强大学生的网络责任意识，高校还应制订《上网学生行为规范》及《大学生上网违章行为处罚条例》之类的规章制度，加强法规制度的宣传教育，一旦发现网络违法行为则严加处罚。

此外，要注意传播优秀传统文化与先进文化，优化校园文化。随着国际互联网的发展，全球化不可逆转地挺进，东西文化进行着全方位、大面积的碰撞、冲突、交流、消融和吸收，这对大学生原有的价值观念带来许多影响，可能导致大学生的认知偏差与心理

矛盾。对于改革开放中的中国来说，不仅要与世界进行经济与物质的双向交流，更要进行文化与精神的双向交流。只有用进步的思想与文化教育大学生网民，才能够培养出健康成长的大学生。

（三）积极开展健康有益的网络竞赛活动

对于高校来说，要想避免大学生出现网络心理问题，营造良好的校园网络文化环境也是非常重要的一环。环境的内容、状态和特性对学生的健康成才有着潜移默化的影响。高校中的系、级、个人都可以制作自己的网页，并加强相互之间交流与沟通。同时，在校园网上，我们可以积极开展健康有益的网络竞赛活动，比如诗歌、散文、书法绘画、网页设计等，让学生自觉地参与到良好校园网络氛围的建设中来。同时，让他们从不同的方面展示其才华和创新能力，增强其自信，丰富校园网络文化，增大其影响力。

（四）开辟网络心理咨询站

网络的发展打破了传统的权威观念和信息单向传播方式，体现着平等性和交互性的特点。作为心理健康教育工作者，要以网络为载体，充分利用网络这种可以无限跨越时空的特点，积极开辟网络心理咨询站，充分利用网络媒介，对学生进行很好的引导与影响。

由于网络的匿名性特征，大学生不必担心自己的心理问题暴露在众目睽睽之下，因而可以直接而真实地表述自己，说出自己的真心话。这减少了传统心理咨询中阻抗的发生，有利于心理咨询的顺利进行。

（五）开展有效的团体心理辅导

团体心理辅导是在团体的情境下进行的一种心理辅导形式，它是由心理辅导者组织与指导，借助团体的力量和各种心理辅导理论与技术，就团体成员共同存在的网络心理问题与他们一起探讨,并提供一定的指导和训练,让他们学会自助解决自身心理障碍。

在团体心理辅导中,具有网络心理问题的大学生常常会发现,原来自己的问题并不特殊,其他人也有类似的情况,有的甚至比自己还严重,这就大大降低了大学生心理上的担忧与焦虑程度,让他们找到一种归属感。在团体的相互交流讨论中,大学生往往更放松,更容易透过别人发现自身的问题,更容易分享自己的心得,接受辅导者的指导建议。

为了更好地调适大学生的网络心理问题,塑造其健康的网络心理,团体心理辅导者应注意以下几个方面:

(1)先让团体中的成员相互介绍,或是提供一种有趣的游戏活动,让他们参与其中,从而有效地转移他们对自身网络心理问题的过度关注,并缓解他们紧张的心理和焦虑的情绪。

(2)让团体中的每位成员大胆讲述各自在之前的人生经历中所遭遇的有关网络方面的事情,并进行自我评价,从而让其他成员感同身受,产生情感上的共鸣。

(3)引导团体成员正确客观地评价网络信息和网络技术,让他们认识到网络的两面性、技术中立性和网络技术的工具性,并提出一些培养良好信息素养的建议。

(4)运用"头脑风暴法"让成员列举网上人际交往与现实中人际交往的异同,以及遇到的不同困惑,并分析引起这种困惑的原因,再让成员之间相互探讨,帮助对方找到根源,并得出一些有关网络交际的良策。

(5)设定基本的人际交往的情境,并做交往行为的正确示范,让其中的一些成员进行模仿。

(6)将团体成员分为几个小组,以小组为单位共同讨论网络行为的自律与自我管理,并在彼此间订立互相监督上网的契约,在团体活动结束后完成契约。

# 第六章　自尊自爱:大学生恋爱心理问题研究

爱情是人类永恒的主题,在以年轻人为主体的大学校园里,爱情更是一道令人着迷的风景。不过,大学生在享受爱情的同时,也会面临各种各样的心理困惑和心理问题。这些困惑和问题会时常困扰着大学生,影响他们的正常学习和生活。因此,很有必要对大学生进行恋爱心理教育,引导他们正确地面对恋爱心理问题,养成健康的恋爱心理。

## 第一节　恋爱的内涵

对于人类来说,恋爱是一个古老而又常新的话题,也是人在一生中几乎都会遇到的一个问题。

### 一、恋爱的含义

恋爱是指异性之间在生理、心理和环境因素交互作用下互相倾慕和培植爱情的一种高级情感交流过程。简单来说,恋爱就是对爱情进行追求的行为。此外,恋爱是爱情这一美好情感所达到的最辉煌的境界。

### 二、恋爱的特点

恋爱的特点,概括来说有以下几个。

（一）冲动性

处在恋爱尤其是热恋中的人,往往会认识活动范围缩小、理智分析能力受到限制,即使是日常行为习惯也会发生一定的变化,从而做出很多与平时完全不同的事情。也就是说,恋爱中的人往往降低了对自己进行控制的能力,不能对自己的行为进行约束,也不能对自己行动的后果与意义进行正确评价。这便是恋爱冲动性的鲜明表现。

（二）隐蔽性

恋爱的隐蔽性特点指的是恋爱中的双方往往有着含蓄而有诗意的言辞、隐蔽而有德行的行为举止,而且不论是表情、目光还是言谈、举止、行为,都有着浓浓的爱意。

（三）直觉性

恋爱中的男女双方是因相互吸引而在一起的,因而在看对方时总会感到非常舒服和顺眼,这便是恋爱的直觉性特点。而"情人眼里出西施"这句话,可以说是对恋爱直觉性特点最形象的表述。

（四）波动性

恋爱中的人往往有着较大的情绪变化,在高兴时可能喜笑颜开、手舞足蹈,在懊恼时可能唉声叹气、垂头丧脑,这就是恋爱的波动性特点。不过,恋爱中情绪的大起大落,会损害身心的健康发展。

（五）排他性

恋爱的排他性指的是恋爱中的双方对对方都是专一执着、忠贞不渝的,而且不希望有人对他们的亲密关系有所介入,并本能地组成一个特殊系统抗拒他人对自己恋爱对象的亲近。爱恋的排他性有助于维持爱情的稳定与长久,但其如果走向极端,则会引起恋爱双方对对方的不信任,严重时甚至产生心理负担和心理问题,最终对恋爱造成不良影响。

### 三、恋爱的发展阶段

通常而言,恋爱会经过以下几个发展阶段。

**(一)始恋**

在这一阶段,个体会被异性的特殊魅力所吸引,从而对对方的仪表、气质、风度、言谈、品格等都非常仰慕。可以说,这是个体容易"失魂落魄"的一个阶段。同时,这一阶段告诉人们,第一印象在恋爱过程中很重要,会使双方获得好感,产生进一步交往的愿望。

**(二)依恋**

当个体被某个异性吸引,会想象对方的一切,并且还会将这种想象逐渐视为自己的理想形象,同时还会对对方的心理有所揣摩,不断评估对方情感的持续性和自己成功的可能性时,便进入了依恋阶段。此外,个体在这一阶段,也开始考虑接近对方的办法,以找机会向对方表达自己的心思。可以说,这是一个"自我折磨"的阶段。

**(三)爱恋**

个体在这一阶段,终于鼓足勇气向对方表白,从而真正地意味着进入了恋爱心理状态。这时,主动表白的一方往往会神色紧张、心绪不宁,接受表白的一方也会不知所措。可以说,这是恋爱心理发展最为关键的一个阶段。

**(四)相恋**

双方经过表白并接受对方的爱慕,恋爱关系便正式建立,双方立即亲密起来。在这一阶段,恋人对对方的评价是最高的,而且恋爱双方的感情是相当热烈和深厚的,都有强烈的责任感,这对于加深双方的理解和信任具有重要的作用。此外,相恋阶段又可以细分为初恋阶段和热恋阶段。不少人认为,初恋和热恋并没有十分明显的分水岭。一般而言,经过初恋阶段的相互了解,双方的思想感情日趋一致,心理高度相容,能够在相互接触中比较确切而系统地表达自己的情感,这时,就表明恋爱双方进入热恋阶段。

1. 初恋

初恋是情窦初开的第一次对异性爱的体验,双方的内心往往充满一种新奇的兴奋和激动,不仅在见面时,就是有时暗自想起对方也会兴奋不已。初恋能调动人的内在力量,一方面使恋爱双方充满积极向上的活力,另一方面为感情的激发提供可能。初恋是纯洁的,它完全以感情为联系的纽带,每一个人都十分珍视自己的初恋,对它寄托着美好的希望、幻想和深情。初恋是含蓄的,初恋中的男女青年一般不会公开内心的秘密,双方只有彼此心领神会,周围的人还蒙在鼓里,双方总是力图用成人的稳重和老练来约束自己,希望给对方留下更美好的印象。这种含蓄,使初恋充满着神秘色彩,增强了初恋的美感。而且,初恋的人很少考虑除了感情以外的其他因素,如金钱、地位和对方家庭境况等。

2. 热恋

在进入热恋期后,双方不再像初恋阶段那样躲躲藏藏地搞"地下工作",把恋爱关系向周围的人公开,并利用各种机会将恋人介绍给自己的同学、朋友和家人,带恋人参加同学联欢,参加朋友聚会,到自己家中做客,使对方更多地介入自己的生活。这些都是热恋阶段强烈情感的自然表露,无可厚非。不过,也有些人表露过分,整天形影不离,甚至在公共场所、大庭广众之下旁若无人地做出过分亲密的动作,这些有失文明的举止是应当避免的。在热恋阶段的双方,也总是自觉或不自觉地将恋爱对象美化,用一种欣赏和钟情的目光看待对方的一切,对方的不足通常会被忽略,甚至把缺点看成优点,这就是所谓的"情人眼里出西施"。这种美化对方的认识倾向有一定的积极意义,它可以提高对方在自己心目中的地位,增加对方的吸引力,促进爱情的进一步发展。但是,这种美化对方的倾向也掩盖了对方的一些缺点,不能客观地看待对方,当热恋的浪漫过去之后,看清对方的缺点,会产生心理落差,感到不满意,甚至失望、后悔,给爱情的发展带来障碍。此外,热恋中双方的情感交流,有利于满足情感需要,有利于加深相互理解,有利于增加相互信任。但是,在强烈感情的冲击下,有的人把自己的一切都寄托在恋爱对象上。这种情况更容易发生在女性身上,依附于男性,一切围绕男性转,放弃自己的自主权,丧失自己人格的独立性。这样一来,一旦失恋,就认为一切全完了,心理上无法承受。即使不失恋,也会逐渐减弱相互间的吸引力。而且,失去人格的独立,依附于对方,这样的爱情不是真正的爱情,只是为了占有对方来填补自己生命的空虚。要想获得真正的爱情,必须保持人格的独立性,保持自己的相对独立性,在独立的空间里完善自己、丰富自己,才能增强自身的魅力,使爱情的内容更为丰富,使爱情更具有生命力。

## 四、恋爱的影响因素

一个人的恋爱会受到多种因素的影响,其中较为重要的有以下几个。

（一）生理因素

恋爱从生理学的角度来看,是个体必然要经历的一个阶段,具有“应然性”。也就是说,恋爱是个体为了满足自己的生理需要而进行的一种活动。在当前的信息社会,由于各种“性信息”刺激,使整个社会青少年性成熟期提前,这导致青少年恋爱的时间也不断提前。

（二）环境因素

影响个体恋爱的环境因素,具体来说有以下几个。

### 1. 学校因素

在当前,学校特别是高校在对待学生的恋爱问题时,秉承的是"既不提倡也不反对"的模糊性态度。在此影响下,学生对待恋爱越来越开放。

### 2. 社会价值观念因素

随着我国社会主义市场经济体制的确立与完善,社会贫富差距加大,人们价值观念发生了深刻的变化。有不少青年人政治意识淡化,回避社会责任,无心上进,甚至游戏人生,一味追求享乐等,这导致他们在恋爱方面采取随意甚至是游戏的态度。此外,社会贫富差距的加大、就业的压力也使一些青年人特别是女性的人生观偏离,产生了"干得好不如嫁得好"的观点。

### 3. 社会文化因素

在商品经济蓬勃发展的进程中,受西方腐朽思想的影响,原来被中华民族所倡导的传统道德的大众审美文化出现了某种偏离,人文精神有所失落。大众审美文化的偏离和人文精神的失落,在很大程度上影响了青年人的恋爱观,其中青年人对婚前性行为的宽容态度就是很好的例证。

### 4. 大众传媒因素

青少年精力旺盛、求知欲强、思想敏锐,对社会信息需要越来越强烈,因而广播、电视、报刊等大众传媒和社会舆论对青少年的影响越显重要。进入改革开放历史新时期以来,我国的文化艺术空前繁荣起来。大部分的文艺影视作品一改之前避讳情爱的表现手法,在经济利益的驱动下,为吸引消费者,对恋爱、性夸张地描写和渲染。有的作品所描写的主题只是纯粹的爱情,在经过煽情描绘、声情并茂、大肆渲染后,给青年人造成了强烈的感官刺激和思想影响。这对青年人涉足爱河,实际上起了"示范"和"指导"

的作用,让青年人觉得恋爱是生命的全部,是生活最高的意义之所在,为爱痴迷不悔。

5. 互联网因素

科技飞速发展,使电脑走进平常人家,也使互联网在中国得到极大普及。人们从互联网上获取各式各样的情爱观,一些人还大量涉猎色情网站,在网上尝试性体验。如此一来,人们的恋爱心理也必然会受到互联网的影响。

(三)心理因素

个体的恋爱,会深受其心理因素的有影响。具体来说,影响个体恋爱的心理因素主要有以下几个。

1. 自我表现的需要

人并不是生来就具备自我表现的意识,它是随着年龄的增长、身体和智力的发展、生活范围的不断扩大而逐渐发展的。青年人有自己的价值取向,需要社会认可、肯定自己的价值,需要从社会上其他人对自己的认识和评价中看到"自我形象"。于是,争取在公众中受关注、争取他人的好感成为他们追求的目标,特别是争取异性的好感,成为青年人在同龄人中树立自己形象的一个很好的途径。这些因素就促使青年人想谈恋爱。

2. 追求浪漫的心理

在不少的恋爱文学作品和影视作品中,爱情都被描写得浪漫而温馨。人们特别是青年人在接触了这些作品后,很容易产生向往浪漫爱情的心理,希望找到一个情投意合的伴侣。持这种观点的青年人,一旦遇到合适的异性,很容易萌发恋爱。

3. 追求归属感

人人都会追求归属感,而在恋爱中,恋爱双方在交流过程中互相理解、关怀，能排解内心的寂寞，形成了一个亲密关系极强的小群体。这对于个体归属感的满足具有重要的作用。

### 五、恋爱中男女的心理差异

恋爱双方的性别不同，在恋爱心理方面也会有一定的差异，具体表现在以下几个方面。

#### （一）男生在恋爱中比女生更为积极主动

在恋爱中，男生常常表现得比女生更为积极主动，可谓十分坦率。当然，他们也比较急躁，喜欢"速战速决"，总是希望在短期内取得成功。相对地，女生则比较矜持，往往采取隐秘含蓄的方式，曲折、间接地流露自己的情感。在某些时候，女生还可能出于羞怯说一些违心的话。

#### （二）男生通常比女生更容易一见钟情

在男女生初次相见时，男生往往过多地关注女生的外在表征，如果女生的外貌出众，则很容易因此而一见倾心。同时，男生也更容易相信女生的话，通常没有怀疑对方的任何念头。但是，女生的戒备心较重，她们往往首先关注男生的能力、才华和人品。可是，这些内在的品质往往需要一定的时间观察和了解，所以女大学生往往不肯轻易答应一个男生的追求，唯恐上当受骗。

#### （三）男生比女生更容易见异思迁

相对而言，男生在选择异性或进入恋爱关系后，往往表现得较为活跃，心理的跳跃性也较大。他们很容易进入一段感情，也容易因为某事而退出一段感情。但是，女生则由于她们对事物的观察比较细致，所以在选择异性的时候比较刻板，往往有自己的一套观察问题的角度和着眼点。当她们对某一个男生产生了好感之后，便会一往情深，即便对方已不爱自己，也不愿意分离。一往情深的心理在某种程度上确实是一种比较积极的心理，但是有时候也容易一意孤行,产生不良后果,阻碍自己的健康成长。

# 第二节　大学生常见的恋爱心理问题分析

随着生理和心理的逐渐成熟,大学生会逐渐对爱情产生强烈的渴求,并希望可以实现自己憧憬已久的爱情理想。此时,只有帮助大学生形成积极的恋爱心理,才能使其在恋爱时更具理性和智慧,并更加正确地对待自己遇到的恋爱心理问题。

## 一、大学生恋爱心理认知

### (一)大学生恋爱心理的特点

大学生恋爱心理的特点,概括来说有以下几个。

#### 1. 纯洁性

大学生的恋爱相比成年人的恋爱来说,是较为纯净、美丽的,有时甚至会显得单纯。他们在恋爱时,基本上没有现实生活的压力,只要认认真真地恋爱就可以。因此,他们在选择恋人时,更重视精神层面的相互认同,对世俗生活中的物质交换、门当户对等通常不会太过在意。这表明,大学生的恋爱具有纯洁性特点。但是,这一特点也导致大学生的恋爱脱离现实生活,难以长久。

#### 2. 理想性

大学生生活在人际关系比较单纯的象牙塔内,缺乏对社会真实、深入的了解。他们在恋爱时只管沉浸于花前月下的世界里,对未来生活的设计盲目乐观,更重要的是对将要面临的困难、挫折等逆境没有做好充分的心理准备。当最终遇到生活中的各类难题时,劳燕分飞者众多。这种过于理想化的大学生恋爱,往往容易被现实击倒。

### 3. 情感性

大学生知识渊博、情感丰富、精力旺盛,年轻的心更是多愁善感,热情冲动。因此,恋爱中的大学生不仅寻求爱情中春花秋月式的罗曼蒂克,而且也追求感情上狂风暴雨般的轰轰烈烈。因此,大学生恋爱双方总是紧紧相随,一起吃饭,一起学习,一刻的分离也会使他们觉得如隔三秋,心情焦急。感情之强烈,达到了狂热的地步,如胶似漆,情意绵绵。在整个相爱的过程中,他们都将对方视为自己最大的精神寄托,对方是自己感情的栖息地。在此,自己的父母、兄弟、姐妹、师长、同学也不得不退居二线。同时,在他们心中只有对方,世上的一切对他们都毫无影响,甚至连自己的存在也变得不明确了。为了爱,他们可以赴汤蹈火,可以牺牲一切,生死相随。

### 4. 自主性

自主性大大增强可以说是当前大学生的一个鲜明特点,这使得他们往往不受传统习俗的约束,受家庭的束缚和影响也变小。再加上当前的大学生自身较为成熟,所以他们在恋爱问题上更加自由,不管传统婚恋观,不管旁人怎么看,只要是他们两情相悦,就会大胆地恋爱。

### 5. 浪漫性

大学生在恋爱过程中对爱人产生深情的依恋和幸福的狂想,往往会把对方想象得很完美,认为对方集中了世上所有的优良品质,是理想形象的现实化。这表明,大学生的恋爱心理具有浪漫性特点。

### 6. 过程性

当前大学生的恋爱往往只注重过程,而不对结果进行慎重考虑。这对于大学生的成长来说既有积极的一面,也有消极的一面。积极的一面是可以使大学生情感得到充分发挥、学会付出、抛弃功利思想、及时把握幸福;消极的一面是会降低大学生对自己的控制与约束能力,使大学生无法形成坚定的爱情信念,从而无法坚守自己的爱情。

### 7. 公开性

在当前,社会各界对于大学生谈恋爱的态度很温和,虽然不赞同,但是也不反对。因此,越来越多的大学生在恋爱时不再躲躲闪闪,他们出入成双成对,携手漫步于校园。这表明,大学生的恋爱心理已经逐渐由含蓄、委婉变得日益开放。

### 8. 变化性

大学生还未形成成熟的心理,因而在恋爱过程中往往更关注外貌体态而忽视其他方面,在很短的时间内便会发展为恋爱关系,当发现对方不是自己理想中的样子时,便又很快分手。此外,不少大学生缺乏妥善处理恋爱中情感纠葛的能力,往往不能理性地对待恋爱中的挫折,导致大学期间恋爱成功的概率比较低。在大学中曾经经历过多份失败的感情的人也不少。因此,大学生的恋爱心理还不够成熟,有着明显的变化性。

### (二)大学生恋爱心理的类型

大学生的恋爱心理,主要有以下几种类型。

### 1. 追求浪漫型恋爱心理

拥有这一恋爱心理的大学生,往往有着比较丰富的情感,向往罗曼蒂克的爱情,追求爱情的浪漫色彩。从表面看来,他们好像对爱情不够尊重,但实际上他们只是觉得相比爱情的责任与义务,在花前月下出没要更加富有韵味和色彩。

### 2. 功利世俗型恋爱心理

拥有这一恋爱心理的大学生,在谈恋爱时往往将对方的门第、家产、地位、名誉、处所、职业、社交能力、驯服度等作为重要的前提条件,从而使恋爱呈现出鲜明的功利性和世俗性。

### 3. 比翼双飞型恋爱心理

拥有这一恋爱心理的大学生,进取心、事业心以及自控能力都比较强,还有着成熟的人格、正确的恋爱观,并把有共同的价值观念、理想抱负以及获得事业成功看成是保持长久爱情的重要基础。在他们看来,爱情既是人生的快乐,又是推动学习和工作的重要动力,因而能够理性、妥善地处理爱情与学习、工作的关系。

### 4. 生活实惠型恋爱心理

拥有这一恋爱心理的大学生,往往是现实的、理智的,并将大三、大四看成是谈恋爱的合适时期。在他们看来,这时候谈恋爱会使彼此更加了解和相互信任,而且会使恋爱和毕业动向相统一,因而容易获得成功。

### 5. 时尚攀比型恋爱心理

拥有这一恋爱心理的大学生,往往对恋爱持随意的态度,只是跟着感觉走,将恋爱看成是一种精神上的补偿,因而目的性不强或者说根本没有目的性。

### 6. 玩伴消费型恋爱心理

拥有这一恋爱心理的大学生,往往只有很少的同性朋友,而且精神上很空虚,时常感到孤独和苦闷。对于他们来说,谈恋爱只是为了对自己精神的空虚进行弥补。

## 二、大学生常见的恋爱心理问题

恋爱的过程,是感情发展的过程,是恋爱双方彼此深入了解、相互适应的过程。然而,爱情是作为人类精神的一种最深沉的冲动,通常也伴随着各种矛盾和冲突。要解决好这些矛盾和冲突,恋爱双方都应该要具有成熟的人格和健全的心理。大学生独特的生理和心理特点,决定了其恋爱的纯真、浪漫甚至理想化,因此也带有很大的盲目性,充满着冲突,而对恋爱挫折的承受能力也很弱,由此也就出现了很多恋爱心理问题。具体而言,大学生常见的恋爱心理问题主要有以下几个。

(一)恋爱选择困惑

大学生的心理以及择偶标准都还不够成熟,对友情、恋情的认识还很肤浅,而且对社会中的人际关系还缺乏科学的认识,因此恋爱选择困惑是大学生经常会遇到的一个恋爱心理问题。具体来说,大学生的恋爱选择困惑主要表现在以下几个方面:

第一,大学生不知道自己应不应该谈恋爱。有的大学生看到身边的同学都忙着恋爱,自己却还没有心仪的对象,从而产生这样的心理。而恋爱的大学生开始思考,大学生活应该是以学习为重,谈恋爱是否会耽误学习。产生这样的问题,主要在于大学生对爱情还没有形成正确的态度。

第二,大学生不知是否应该表达爱。大学生确定某个人为自己的倾慕对象后,还不知道对方是否也倾慕自己,想向对方表白,但又怕对方拒绝,左右为难,不知道如何表达自己的心意。

第三,大学生不知道如何拒绝对方。当大学生被某个人表白时,自己还没有做好心理准备,或者对方不是自己所倾慕的,但又不想伤害对方的自尊心,因此不知道如何拒绝对方。

第四,大学生不知道如何结束恋爱。在恋爱的过程中,双方的了解逐步深入,而某一方也开始发现对方不适合自己,但对方却还依然爱自己,此时不知道如何提出分手,怎样表达自己的意思才不会伤害对方的自尊心。

(二)恋爱道德观不正确

大学生在谈恋爱时应将爱情作为恋爱的基础,将高尚的情趣作为恋爱的动力,而且在恋爱中对对方的人格与权利高度尊重,并始终信守承诺、保持感情专一。而大学生要使自己的恋爱是高尚的，就要树立起正确的恋爱道德观。然后，有很多大学生在恋爱的过程中缺乏正确的恋爱道德观，或是对待恋爱对象态度随意，或是见异思迁、朝秦暮楚等，从而导致纯洁的爱情被玷污，还会使恋爱对象的身心健康受到严重影响。

（三）择偶心理不当

大学生希望找一个称心如意的爱人，一生幸福，这是正常的。事实上，相当部分的大学生在择偶时能首先重视对方的内在条件，如性格、品质、兴趣等，强调性格上合得来、体贴人、温和、热情，注意对方的道德品质，把理想、志向、诚实、善良、正直、能力、才华、聪明等放在重要位置。但是，有不少大学生存在择偶心理不当的问题，导致其在恋爱过程中遭遇挫折。具体而言，大学生的择偶心理不当问题主要表现在以下两个方面。

1. 择偶标准不恰当

择偶标准不恰当的大学生，或是希望自己的对象不存在任何缺陷，是十全十美的；或是以自己心中的偶像为标准来找对象；或是依据明确的条件限制（如身高必须多高、体重必须多重、家庭条件应该怎样等）来找对象，若是低于限制条件则坚决不考虑等。这些不恰当的择偶标准，很可能会导致自己无法寻找到合适的对象。在这里需要特别提醒的一点是，择偶标准中的因素，如对象的品质、素养等是必须要有的，而地位、经济等则是非根本性的，况且它们在经过努力后是可以改变的。

2. 择偶动机不确定

大学生的择偶动机是多种多样的，可只有健康、纯洁的择偶动机才能保证恋爱的顺利发展。不过，在当前大学生的恋爱中，存在着很多不正确的择偶动机，如为了弥补内心的孤独空虚而谈恋爱；为了排解生活的寂寞而谈恋爱；盲目随大流而谈恋爱；为了攀比而谈恋爱;为了展示自己的魅力而谈恋爱等。这些不良的择偶动机都没有以真挚的情感为前提,也没有把恋爱的行为与婚姻结合起来考虑,缺乏责任感,因而会导致恋爱先天不足,无法开花结果。

### (四)自我评价失当

大学生在同异性交往中,除部分人具有交往技能外,相当一部分人不善于同异性交往,并因此在交往过程中产生了对自我的不当评价,具体表现在两个方面:一方面,一些大学生在同异性交往中自视过高,瞧不起身边的同学和交往的异性,结果造成同异性交往发展的障碍。另一方面,一些大学生自卑感强,过低地评价自己,虽然渴望与异性交往,但又羞于或畏惧与异性交往。他们总认为异性瞧不起自己,不会接纳自己,不敢坦然地同异性交往,更不敢大胆地表白,由此陷入恋爱苦恼之中。

### (五)恋爱与学业的矛盾突出

对于爱情与学业的关系,绝大多数大学生都能够正确看待,懂得大学生的主要任务是学习,爱情应当服从学业。但在现实生活中,真正在客观上、行动上能够正确处理好爱情与学业关系的大学生是很少的。很多大学生把主要精力沉溺于爱河之中,严重地影响了学习、工作和身心健康。长此以往,这些大学生就在不知不觉中学习成绩下降,考试不及格,甚至无法顺利毕业。

### (六)陷入恐爱误区

这里所说的恐爱误区,主要包括以下几种情况。

#### 1. 单相思

恋爱是两个人之间的感情交流,如果一方投入了感情,而对方毫无感觉或不想与之交流,就形成了单相思。

(1)单相思的表现形式

通常而言,单相思主要包括两种表现形式,即单恋和暗恋。

　　单恋是指异性关系中的一方倾心与爱慕另一方,却得不到对方回应的单方面的恋爱。在通常情况下,当一个人执着地想获得某样东西,却又无法获得时,是极其痛苦的。单恋就属于这种情况,并且由于得不到对方的爱,个体所受的痛苦程度将更大。一般来说,性格内向、敏感、富于幻想、有自卑感的大学生容易出现单恋现象。

　　大学生单恋的表现主要有三类:一是自作多情,即明知对方不爱自己,还执着地爱慕着对方;二是误会,即由于缺乏与异性交往的经验,对异性的言行、情感等过于敏感,误将对方的友情当作爱情;三是默默压抑,即自己深爱对方却又害怕表达,因而独自苦苦思念,又拼命抑制自己的感情。

　　在暗恋中,暗恋方可能根本不知道有这回事,甚至对方还不认识自己,但自己对所恋对象却朝思暮想,遇见时又不敢开口,甚至紧张回避,形成痛苦、压抑、焦虑、失望等不良情绪,严重地影响学习与生活。

　　(2)单相思的危害

　　对于大学生来说,单相思可能导致其出现一些心理障碍,其中最为常见的是反应性抑郁症和钟情妄想。

　　由单相思导致的反应性抑郁症表现为情绪抑郁、言语减少、连续失眠、食欲丧失、消极厌世、兴趣消失,或表现为喜怒无常、容易激动、注意力不能集中、失去自我控制能力等。与一般失恋心理反应的主要区别是反应性抑郁症持续时间较长,心理症状较严重,会影响日常的生活、学习和工作。

　　钟情妄想常见于精神分裂症,多有荒谬的思维推理或幻觉,一旦形成之后,就难以自然恢复。患者坚持认为自己正在受某一位异性的爱慕,于是整日乐观、自信、意志旺盛,以各种方式追求对方。表面上这种妄想类似于一般的单相思,但实际上这是更为严重的相思病。这种患者如果他的"意中人"解释说,已有异性朋友,已结婚,甚至已有了孩子,或干脆当面拒绝,都是徒劳无益的。患者会想,她说不爱我,说明在考验我,我要有毅力,现在不爱我不要紧，我要她感动得来爱我，结了婚也可以离婚等，随之而来的是变本加厉的追求行为，像火上浇油一样。长此以往，不仅会对患者的心理造成更为严重的不良影响，也可能对"意中人"的心理及其正常生活产生不利影响。

### 2. 三角恋或多角恋

三角恋或多角恋是一种十分反常的恋爱现象，即一个人同时与两个或者两个以上的人建立恋爱关系。爱情是专一、排他的，三角恋或多角恋爱视爱情为游戏，把自己的快乐建立在牺牲他人感情的基础之上，因而是为社会和道德所不允许，且易引起纷争、冲突、不幸和悲剧，严重影响学习、生活和人际关系。因此，必须严厉杜绝三角恋或多角恋。

对于大学生来说，产生三角恋或多角恋的原因主要有以下几个：

第一，大学生信念感较差，没有明确的择偶标准。

第二，大学生受社会不良风气的影响，未能树立正确的恋爱观。

第三，大学生有强烈的虚荣心及众多的追求者，使其乐意"脚踏多条船"。

### 3. 师生恋

在大学校园中，常有一些大学生在不知不觉中喜欢上了一些异性教师，并且为此而十分痛苦、自责和羞愧，感到不知所措。在当前，师生恋是一个颇具争议的话题。从传统道德观来看，教师的主要角色是传道授业解惑者，其与学生的关系应保持在一定的界限内，师生恋有悖于性爱道德婚恋价值观。事实也证明，师生恋往往潜伏着各种危险性。

### 4. 与已婚者恋

通常来说，女大学生相比男大学生，更容易出现与已婚者相恋的情况。女大学生与已婚者相恋，或是出于仰慕、好感、怜悯等心理，或者是想借助一臂之力达到某个目的而与已婚男人相恋。其实，这种恋爱的动机不纯，同时也要承受来自社会、家庭、周围人各种心理压力，对她们的身心健康发展极为不利。

### （七）恋爱行为不当

在大学生的恋爱心理问题中，恋爱行为不当也是一个十分重要的表现。具体而言，大学生中常见的不当恋爱行为主要有以下几个：

#### 1. 过度亲昵

有些大学生谈恋爱后，会不分场合地表现出亲昵行为，而且不能有效把握亲昵行为的尺度。这不仅有损于爱情的纯洁与尊严，有损于大学生的形象，同时对旁人也是一种不良的心理刺激，把自己和他人推向一个尴尬的境地，招来老师和同学的不满。

#### 2. 频繁更换恋爱对象

大学生恋爱心理的变化性特点，决定了其在恋爱过程中很容易出现频繁更换恋爱对象的恋爱行为。此外，还有一些大学生自身条件优越，他们的家庭条件好，自我优越感强，在学校里面又因为外貌出众或是自身能力出众，往往会受到众多异性的追求，因此在恋爱过程中不懂得珍惜，随意地恋爱，随意地分手。还有一类大学生因为曾受到情感伤害后而不断地糟蹋爱情，到最后弄得精神萎靡不振，也荒废了学业。

#### 3. 沉溺于网恋

伴随着互联网的出现和普及，虚拟的爱情也成了恋爱的一种存在形式。在当前，有不少的大学生对网恋持乐观的态度，认为网恋相比现实中的恋爱来说，更为注重交流思想、沟通心灵，因而在此基础上建立起来的爱情要更为牢固。当然，也不乏对网恋持消极态度的大学生。在他们看来,网上聊天无法对恋爱对象进行全方位的接触和真正的了解,因而是一种典型的自欺欺人的恋爱方式,而且很容易"见光死"。其实,更多的大学生对网上恋爱不看重结果,注重的是在网上交往的过程。况且,真正的恋爱,不可能只存在于虚拟的世界中,应该带到现实生活中,即网上交流促成了他们从朋友到恋人的关系转变,后面要做的就是将虚拟世界中的关系移到现实生活中。事实上,确实有一些大学生做到了这一点,但是成功转变的不太多,原因是虚拟的世界让人遐想的空间太大。大部分时候在没有法律保障下的"网恋",犹如雾中之花,水中之月。

（八）失恋

有恋爱就会有失恋,这是恋爱过程中的正常现象。因为每个人都有追求爱情的权利,对方也就有接受爱或拒绝爱的权利。失恋是恋爱过程的中断,是一种痛苦的情感体验。当沉浸在美好的恋爱当中时,大学生往往对生活充满了无限的憧憬,并且充满了幸福感和充足感,而一旦失去这份感情,便会给当事的大学生带来非常严重的创伤。

1. 大学生失恋的原因

大学生失恋的原因有很多,概括来说主要有以下几个。

第一,因一方变心而导致失恋。

第二,因环境条件的制约而导致失恋。比如,由于毕业分配不到一起,或由于承担家庭重担及其他责任而不得不忍痛割爱。

第三,因自身缺点过多且不注意改正而导致失恋。尤其是过多的猜疑、嫉妒、责备、埋怨、误解是爱情的毒药,它会摧残爱情的幼苗,使爱的花朵凋零。

第四,因恋爱动机不正确而导致失恋。有的大学生不懂爱情,见一个爱一个,"普遍撒网,重点捞鱼",到处"滥"爱的结果,只能使自己落个竹篮打水一场空的下场,人人都不爱他。

第五，因性格、兴趣、思想等不合而导致失恋。性格互补、脾气相投的人往往能撞出爱情火花，从而建立稳固的恋爱关系。反之，容易使爱情夭折。

第六，因外界干涉而导致失恋。恋爱双方缺乏勇气和信心，慑于社会的偏见和父母的威严，如觉得双方门不当户不对，或相貌差异太大不相配等，只得痛苦地分手，即外界干涉造成的。

### 2. 大学生失恋的不良心理反应

失恋的大学生通常会表现出以下四种不良的心理：

第一，自卑。一些大学生在失恋之后，觉得自己在别人面前始终抬不起头来，无地自容，在异性面前也丧失了自信；一些大学生则对自己的各方面表现感到不满，认为自己一无是处等，引发过度自责行为。

第二，绝望。这种心理也是失恋所带来的一种极端心理反应。失恋的大学生会觉得自尊和情感受到严重伤害，从而否定对方的一切，对恋爱绝望，出现对学习、生活不感兴趣，自暴自弃等行为。

第三，渺茫、痛苦、消沉。一些大学生在失恋后，不顾自己的学业、前途，整天沉浸在极度的痛苦之中，性格也变得古怪、不近人情。

第四，报复。一些大学生在失恋后，失去理智，觉得自己的痛苦是对方造成的，因此产生报复心理。这种心理往往会使其造成毁坏性结局。

事实上，失恋也是一种人生经历，是成熟的代价。有一项调查表明，和初恋对象结婚并一直幸福的人不超过 12%。这就是说，和初恋对象结婚并生活的人，往往不一定会十分幸福。因此，这就需要大学生振作起来，去开始新的人生旅程。

## 第三节　应对大学生常见恋爱心理问题的策略

大学生在恋爱过程中，不可避免地会产生一些恋爱心理问题,影响其恋爱的正常进行以及心理的正常发展。因此,很有必要教会大学生正确对待恋爱过程中的各种心理问题,继而促进大学生身心的健康发展。具体而言,大学生可借助以下几个策略来应对自己的恋爱心理问题。

## 一、树立健康的恋爱观

恋爱观是指个体对待恋爱问题所持的基本观点。一个人要想正确地对待恋爱,就应当有健康的恋爱心理,有正确的恋爱态度,有恰当的恋爱方式。具体来说,大学生正确爱情观的培养应当从以下几个方面做起。

### (一)养成健康的恋爱心理

恋爱心理的产生是以人的生理成熟为基础,以社会环境为外界条件,以自我意识为标志,三位一体综合作用的结果。大学生正值青春期,性意识不断成熟,自我意识不断完善,又有异性间充分交往的时间和空间,因此必然产生各种恋爱心理。大学生健康的恋爱心理,具体来说主要包括以下几个方面。

#### 1. 端正恋爱动机

大学生如果没有相对单纯的恋爱动机,而是想着通过恋爱来寻找刺激,满足好奇心、虚荣心,或是改变自己的社会地位等,都很容易走上爱情的悲剧之路。纯洁与健康的恋爱动机是保证大学生恋爱顺利进行的重要基础。对于多数大学生而言,恋爱的目的就是找寻一个能与自己在未来的人生道路上互相扶持、同舟共济的终身伴侣。总而言之,健康的恋爱动机对于大学生具有重要的意义。

#### 2. 准确区分爱情与友情

爱情与友情有很多相似的地方,它们都是人们之间相互倾慕的感情,同时也是人们在互相尊重、理解,相互帮助支持的前提下,共同培育出的珍贵感情。但是,爱情始终不同于友情。

从现实角度来说,友情比爱情具有更广泛的交往关系,即友情不受到性别、年龄、职业以及数量等方面的制约。友情的产生往往更加容易,只要交往双方在某一方面相投即可;爱情的产生却是双方全方位地碰撞,并且是含有一定生理因素吸引的。在很多时候,异性之间的友情会上升为爱情。

大学生要区分异性间的友情是否已经发展为爱情,一般主要看一方对另一方的好感有没有进一步深化。大学生只是感到交往中彼此心理上的愉悦、吸引或眷恋,却没有意识到共同的道德感和责任感,那么也不属于爱情。因此,男女大学生在交往过程中,当关系进一步发展之时,应当准确区分自己感情的性质,识别对方对自己感情的性质,以免进入情感的误区,给自己的成长带来较大的阻碍。

### 3. 心理相容

所谓心理相容,并不是指恋爱双方有着一致的性格、爱好、兴趣等个性心理特征,而是指恋爱双方以共同的思想认识为基础,通过彼此间的相互影响、承认和理解弥补来互补所短,从而形成互助和谐、相互促进的良好效果。恋爱双方只有心理相容,才能保证恋爱获得成功。而且,恋爱双方心理相容的程度越高,越有可能获得和谐的爱情。反之,则无法获得和谐的爱情,并时刻感到痛苦、惆怅和失望。

### 4. 追求思想感情的一致

思想感情一致是真正爱情的思想基础。最近有人提出文化的“门当户对”,其实就是指双方思想感情的相通相融。因为男女之爱包含着丰富的内容,其中既有本能的,不可能抗拒的性冲动,又有人类崇高的人情和理性;既有自发性,又有自觉性;既有欲望,又有克制。爱情是肉欲、激情及理智的结合,是生理、心理美感和道德的体验;思想感情的统一,理想信念的合拍,才能使恋爱双方水乳交融,甘苦与共,携手走过人生的风雨历程。

(二)树立正确的恋爱态度

通常来说,透过一个人的恋爱态度,可以看出其道德情操和精神世界是怎样的。因此,对于大学生来说,必须要形成正确的恋爱态度。而大学生需要形成的正确恋爱态度,具体来说要包括以下几方面的内容。

1.真诚地对待恋人

大学生恋爱双方要真诚相待。在恋爱中彼此应该诚恳相待,把自己的优点、缺点、思想、性格、理想爱好和其他情况,如实地告诉对方,不加掩饰和隐瞒。这样既有助于增进对方对自己的了解,也可以获得对方的信任,奠定爱情的基础。如果用欺骗手段骗取爱情,终归要自食其果。彼此诚恳坦白,十分重要。男女双方在爱情上的忠诚和相互信任,是巩固和发展爱情,建立美满婚姻的必要条件。当爱情关系一经确立,它就给相爱的双方带来一种义务,即自觉自愿地、尽心竭力地、矢志不渝地去爱对方。这种爱不只是口头上的山盟海誓,也不是仅仅表现了强烈的感情流露,而是要尊重对方,帮助对方,关心和照顾对方。大学生特别要互相鼓励和帮助对方搞好学习和工作,要求对方上进,为了对方的进步和幸福,自己能做出自我牺牲。

2.专一地对待爱情

专一地对待爱情指的是男女双方的恋爱关系一旦确立,就要经受得住时间和现实的考验,对双方的感情进行专心、精心的培养,以使爱情保持长久。在恋爱中,如果一方不能专一地对待另一方,则爱情是不可能长久的。因此,大学生一定要形成专一地对待爱情的态度,以使自己能够获得至真、至善、纯洁、永恒的爱情。

3.尊重恋人

恋人之间的互相尊重、互相理解是恋爱成功的保障,是婚姻幸福的土壤。离开了尊重和理解,爱情之树就会枯萎。

大学生在恋爱过程中要学会尊重对方,尊重对方的工作、学习、家庭;尊重对方的兴趣、爱好、特长;尊重对方的行为方式、生活习惯;尊重对方的人格和尊严。要在互相尊重的基础上培养平等、纯真、高尚、美好的爱情。那种居高临下,夫唱妇随的思想意识和行为方式,直接违背互相尊重的原则,不利于真正爱情培养、巩固和发展。

**4. 理解和信任恋人**

恋人之间贵在相知。没有理解和信任,互相猜疑、互相设防,美好的爱情就会失去光彩。因此,恋人之间要襟怀坦白、光明磊落,用理解和信任去浇灌、培育爱情,使爱情之树常绿。

**(三)明确恰当的恋爱方式**

大学生在恋爱中,很容易出现一些心理问题。对于这些心理问题,通过恰当的恋爱方式在很大程度上是可以避免的。因此,大学生一定要明确恰当的恋爱方式。具体来说,大学生应确定的恰当恋爱方式主要包括以下两方面。

**1. 准确把握感情的分寸**

在恋爱过程中,由初恋到产生真正的爱情,要有一个培养和发展感情的过程。一般而言,成功的爱情的形成要经过一个由低到高的发展,即由同志感情到友谊,最后再发展到爱情。任何超越恋爱的感情发展阶段"飞跃"而成的爱情,都会缺乏真正的了解和认识,缺乏必要的感情基础。因此,在恋爱过程中,恋爱双方要准确把握住恋爱中感情的分寸,既不要在"不到火候"的情况下作出过分亲昵的举动,吓跑对方,也不要时机成熟时关起感情的闸门,使对方产生误解,以致错失良机,影响爱情的进一步发展。

**2. 文明地表达爱情**

高尚纯真的爱情需要在表达爱情的方式上讲究文明。人是社会的人,人的一切言行必须符合正确的社会规范和社会环境,为社会所认同和接纳。青年大学生在对对方爱意的表达上也应如此。男女间表达感情的方式有高雅与粗鄙、健康与庸俗、含蓄与放荡之分。高雅、健康、含蓄的感情表达方式给人以美的感受,使双方的人格更加崇高,灵魂得到净化,从而使人成为真正意义上的人。而那种不分时间、地点、场合,任意放纵自己的感情,过分亲昵,举止轻浮,就可能带来不良影响,甚至毒化社会风气。这种粗鄙、庸俗、野蛮放荡的感情表达方式,不仅是不尊重对方的人格,而且也是不尊重自己的人格,是把人降低到动物的水平上,把人类的爱情降低到动物本能的水平上。

## 二、正确对待爱情与学业的关系

在人生中,爱情是非常重要的,但并不是人生的唯一,更不是人生第一位的,因而要处理好爱情与其他方面的关系。对于大学生来说,面临的主要是爱情与学业的关系。

爱情在一定程度上是狭隘的私人感情,如果过分地追求爱情,沉湎于情爱之中,势必把自己封闭于两人圈子,丧失追求学业热情,丧失全面发展自己的大好时机,这必然会降低大学生的人生价值。当然,恋爱也不是一定对学业造成不良影响,爱情也不一定就是学业的绊脚石。如果处理得当,爱情也是学业的"递进剂"。要做到这一点,要求大学生应该初步确立自己的生活目标、人生价值观,懂得爱情的真谛,有良好的心理素质,对自我和他人有正确的评价能力,能够独立、正确地处理好恋爱问题。否则,大学生只会浪费宝贵的学习时间,既荒废了学业,也无法获得爱情。

## 三、养成良好的恋爱行为

良好恋爱行为的培养,对于健康恋爱观的形成也有着非常重要的作用。对于大学生来说,需要养成的良好恋爱行为主要包括以下两个方面。

（一）文雅的恋爱言谈

恋爱双方在交谈时，要自然、真诚、坦率，不可装腔作势；要在相互理解和信任的基础上进行交流，不能不可理喻地对对方进行盘问，以免对方的自尊心受损；不能说脏话或污言秽语，也不能态度高傲、出言不逊。恋爱中的双方如果不对自己的恋爱言谈加以注意，很可能会使对方产生厌恶之情，从而无法获得恋爱的成功。

（二）得体的行为举止

一般来说，当男女双方刚刚相恋时，内心会感到非常的紧张和羞涩，但是随着交往的进一步深入则会变得自然而大方。在这一时期，一定要非常注意自己的行为举止，避免不合时宜的亲昵动作过早出现，从而引起对方的反感，使恋情无法顺利进行。同时，恋爱双方在发生亲昵的举动时，要特别注意时间和场合，以免带来不好的影响。

## 四、培养爱的能力

弗洛姆曾说过，真正的爱意味着"关心、尊重、责任、认识，它不是为某个人所爱之意义上的一种情感，而是为所爱的人的成长和幸福的一种积极主动的奋斗，它根植于自身的爱的能力"。因此，大学生要想拥有纯洁、健康的恋爱，就应当努力使自己具备爱的能力。具体而言，大学生需要培养的爱的能力有以下几个。

（一）识别爱的能力

大学生对于爱情都是十分渴望的，而大学生要想迎接属于自己的爱情，首先需要具备识别爱的能力，即能够对爱的真伪进行辨别。大学生在培养识别爱的能力时，以下两方面要特别予以注意。

1. 好感并不等同于爱情

好感是一种较为浅层的感情,侧重于知觉方面的感受。对于爱情来说,虽然其萌生在某些时候源于好感。但是,好感最终能否发展成爱情,会受到个人、家庭以及社会环境多方面的影响。因此,大学生必须切实认识到,好感与爱情是不同的两种事物。

2. 感情冲动并不是爱情

人人都会出现感情冲动的时候,但它往往是短暂且脆弱的,并会导致人们做出一些不合情理或是令自己后悔的事情。虽然在爱情中,人们也需要激情的表达,会呈现出一些冲动的情感,但其往往是炽热、深沉而持久的,因而并不等同于感情冲动。

(二)施爱的能力

一个人在对另一个人产生了爱意,经过理智分析之后勇敢地将自己的爱意恰当表达出来的能力,便是施爱的能力。

一个人若是只想得到别人的爱,而不去爱别人,那这个人一定是一个自私自利的人。任何人都不愿与自私自利的人谈恋爱,因此大学生必须要培养自己施爱的能力。

(三)接受爱的能力

不同的人在面对别人爱的表达时,会呈现出不同的表现方式。有的人会欣然接受,也有的人因害怕受伤害而不敢接受对方的爱,还有的人因感觉自己不值得被爱而不敢拥有爱情。但不论表达方式是怎样的,都对对方爱的表达进行了及时回应。

对于大学生来说,当获得别人爱的表达时,如果自己对对方也有很大的好感,就应该满怀信心地、勇敢地接受。只有这样,才可能获得真正的爱情。

(四)拒绝爱的能力

所谓拒绝爱的能力,就是对于不想得到的爱情理智地进行拒绝的能力。面对自己不想得到的爱情,如果优柔寡断或因对方的穷追不舍而勉强答应,只会给双方带来痛苦。因此,大学生一定要注意培养自己拒绝爱的能力。

通常来说,拒绝爱的能力主要包括两个方面的内容:一方面是对于自己不想得到的爱情理智、果敢地说"不";另一方面是在拒绝自己不想得到的爱情时要运用恰当的方式,如明确地进行表示、适当地进行解释、委婉地进行劝解等。

虽然每一个人都有权利拒绝自己不想接受的爱情,但是对每一种真挚的感情都予以珍重是对他们起码的尊重,也是个人自重的行为。因此,在拒绝他人的爱时,要注意采用恰当的拒绝方式,切不可对他们的心理造成危害。

（五）维持爱的能力

恋爱双方在确定了恋爱关系后,就需要对爱情进行维护和发展,以使爱情保持长久。因此,维持爱的能力也是爱的能力中一项非常重要的内容。维持爱情的长久,需要不断对自己进行充实和完善,以使自己不断变得丰富与深刻,从而增强对恋爱对象的持续吸引力;用无私奉献的精神对对方进行体谅和包容,并通过积极的交流与沟通有效地解决各种冲突;尊重对方的价值观念、行为方式等,并给予对方充分的信任、自由和空间,以使双方的信任感进一步增强等。

（六）解决爱情冲突的能力

恋爱中的双方发生冲突是不可避免的,这一方面可能源于双方的性格差异,另一方面可能源于日常生活中的不一致或不协调。而当发生冲突时,恋爱双方应在相互理解、相互包容的基础上合理地进行解决。一般来说,沟通是非常有效地解决爱情冲突的方式。恋爱双方通过有效的沟通,可以使自己的思想、感受得到清晰明确的表达,从而有效地对冲突进行化解。伤害性的争吵或者冷战,都是解决爱情冲突时不可取的方式。

（七）承受恋爱挫折的能力

爱情是非常甜蜜的,遇到恋爱挫折则是非常痛苦的。但是,在恋爱中,遇到恋爱挫折是不可避免的。大学生由于社会阅历较低、心理不够成熟,在遇到恋爱挫折时往往不能有效地进行应对,从而使自己沉溺在恋爱挫折之中,自暴自弃、无心学业,甚至因此引发严重的心理问题或选择自杀。因此,对于大学生来说,培养承受恋爱挫折的能力也是非常重要的。

## 五、学会正确面对失恋

失恋是痛苦的,通常会引起一系列心理问题。有时失恋者心理调节不当,会造成严重的心理创伤。大学生应正确对待失恋,做到失恋不失理智,失恋不失德。具体而言,大学生可通过认识和情绪行为两个方面的努力,正确应对失恋问题。

（一）从认识上接受失恋

失恋是正常的,而且失恋虽然是痛苦的,但失恋者可以从中获得思想的收获。对一个意志顽强的人来说,能够在失恋中体验到人生的无穷奥秘,体验到一种生活中内在的曲折、深邃的旋律,从而成熟起来,坚强起来。而一个人要想做到这一点,最为重要的是在认识上接受失恋。

对于大学生来说,当失恋已成为无法回避的既成事实时,就要以足够的勇气和胆量去正视它,失恋不失理智,失恋不失命。而且,失恋本身正意味着自己又有了重新选择真正爱情的良机,只有从失恋中重新认识自己,充满信心,才有可能在吸取前车之鉴的情况下,重新架起通往爱情的桥梁。因此,失恋的时候,不妨接受这一事实,并转移注意力,积极投入学习、工作中,用好成绩来补偿失恋的痛苦。

（二）从情绪行为上调节失恋

大学生在失恋后,可以采用以下几种方式对自己的情绪与行为进行调节。

### 1. 冷静分析恋爱过程

对恋爱过程进行冷静分析，明确双方恋爱是否存在盲目性？双方的感情变化有无道理？热恋中的情人，往往为了获得爱情，自觉或不自觉地采取相互迎合迁就的态度，比较注重掩饰自己的缺点和不足。因此，在较短时间内是不容易了解到对方的真实情况的。只有当双方感情慢慢平和下来后，某些被一时所掩饰的缺点和不足才会逐步暴露出来。而在全面细致考察、了解和审慎思考之后，如果一方感到另一方不理想、不中意，明确中断恋爱关系，这不但是允许的，而且是符合道德规范的。这时另一方应将对方中止恋爱的行为看作对自己的爱护，友好地与对方分手，并祝愿他（她）爱情生活幸福。如果对方见异思迁，玩弄他人情感，不道德地中止恋爱关系，受害的一方一方面应从好的一面去看待恋爱挫折，应感到和这种人一起生活不会有什么幸福，现在对方既然主动提出中断爱情关系，实际上正是一件好事，另一方面，对别人的某些过失，也应该抱以宽容的态度，如果任凭愤怒的烈火灼烧自己，就可能做出有碍道德和触犯法律的事情来。

### 2. 学会自我安慰

大学生在失恋后，要学会自我安慰，如指出以前恋人的一些缺点，打破其在自己心目中理想化倾向，继而让自己认识到之前的恋人可能并不适合自己。

### 3. 积极放松，调节不良情绪

大学生失恋后，可采取一些积极的放松方式来平复自己的心情。例如，来一次旅游，投入大自然的怀抱；进行一些体育运动；听听轻松、欢快的音乐；找知心朋友诉说自己内心的感受；向心理咨询机构求助等。

失恋的人往往心理十分脆弱，在郁郁寡欢中又容易让自己失去自信,也非常容易脱离集体而变得更加冷漠孤独,甚至感情用事,拒人于千里之外。因此,除了失恋者自身的调节之外,失恋者身边的人应当给予其足够的温暖和友爱,从而使其摆脱不良情绪。作为高校的教育工作者,更应当通过恰当的教育与关怀来帮助他们树立正确的恋爱观和人生观,从而消除各种因失恋而引起的不良情绪。

# 第七章　学会控制：大学生情绪心理问题研究

情绪是人心理状态的"晴雨表"和风向标，它反映着每个人内在的心理状态。当今大学生正处于青年时期，情绪波动较大，经常会面临各种情绪问题。除了高校和教师应该给予重视外，大学生也应该本着对自己负责的态度时刻注意自身出现的各种情绪问题，并学会进行自我控制和应对。

## 第一节　情绪的内涵

### 一、情绪的概念

情绪是个体心理活动的组成部分，是个体对外界刺激是否满足自己的生理和心理需要而引起的一种主观体验。这种体验渗透于人们的一切活动中。一般来讲，情绪是由刺激、认知、主观体验和行为反应几个方面组成的反应过程。

### 二、情绪的分类

根据不同的标准可以将情绪分为不同的类型，由于目前并没有完全标准统一的情绪分类方法，所以下面主要对几种常见的情绪分类方法进行简要阐述。

（一）根据情绪的社会内容对情绪进行分类

根据情绪的社会内容，可以将情绪分为以下几种类型。

## 1. 道德感

道德感是个体用一定的道德标准去感知、评价各种社会现象时所产生的情绪体验。个体在与他人进行交往的过程中获得社会道德标准,并且会转化为自己的道德需要,当个体根据自己所掌握的道德标准去评价他人或某件事时,如果认为所评价的事物符合自己的道德需要,就会产生肯定性的情感,反之则会产生否定性的情感。道德感在社会情感体系中占有特殊地位,对人的活动具有重要的指导作用。

需要指出的是,道德感具有一定的社会历史性,不同的社会、不同的民族、不同的时期有着不同的道德标准,不同的人对于这些道德标准又有着不同的理解,于是就会产生不同的道德需要,因此也就会有不同的道德感。

## 2. 理智感

理智感是指人们在智力活动过程中对认识活动进行评价时所产生的情感体验,这种体验是与人的求知欲、好奇心、探求和热爱真理的需要相联系的,它体现出人对自己智力活动过程与结果的态度。理智感是在人的认识和实践活动中产生和发展起来的,反过来,它又成为人认识和实践活动的动力。任何学习活动、科学发明、艺术创造都与理智感分不开。

## 3. 美感

美感是人们根据自己的审美标准对各种社会现象及其在艺术上的表现进行评价时所产生的情绪体验。这种情绪体验具有以下几方面的特点。

(1)直觉性

直觉性是内容美和形式美的统一,它是在个体直接接触事物时立即产生的。因此,物体的外在形式对美感的形成具有重要影响。但需要指出的是,虽然物体的外在形式对美感具有不可忽视的重要作用，但是事物的内容也对美感产生重要的影响，而且这种影响具有决定性的作用。

（2）个体性

在日常生活中，对于不同的事物或人，每个个体的审美标准是不同的，有的人觉得某个事物或人很美的时候，其他人可能会觉得不美。当然，不可否认的是，人类具有共同的美感，鲜艳的花卉、美丽的风景、动听的音乐、雄伟的建筑，这些在人们眼中都是美的代表。

（3）社会历史性和阶级性

不同的时代、不同的民族、不同的阶级等的审美标准不尽相同，因而也就会产生不同的美感。例如，在我国明清之际，人们认为瘦弱为美，所以林黛玉是当时典型的美女；而在现代社会，人们认为健康、大方、自然、协调为美，所以对美女的审美标准就与明清的时候存在较大的差别。

（二）根据情绪的形式对情绪进行分类

根据情绪的形式，可以将情绪分为以下几种类型。

1. 喜

喜即喜悦，是个体在需要得到满足或者目的成功达到之后所获得的情感体验。这种体验能够使人感到轻松、快乐。通常来说，喜悦有满意、愉快、欢乐、狂喜等程度上的差别。

2. 怒

怒即愤怒，是个体在需要得不到满足或者目的无法后所获得的情感体验。这种体验会使人产生紧张、压抑等感觉。通常来说，怒有不满、生气、愤怒、暴怒等程度上的差别。

3. 哀

哀即悲哀，是个体失去所喜爱的东西或者希望破灭之后所获得的一种情感体验。这种体验能够使人产生失落、痛苦、无奈等感觉。通常来说,哀有遗憾、失望、难过、悲伤、哀痛等程度上的差别。

4. 惧

惧即恐惧,是个体遇到危险或者意识到存在一些潜在的威胁时所获得的情感体验。这种体验会使人产生紧张、心悸,甚至使人本能地产生想逃离的心理。通常来说,惧有害怕、惊恐、恐怖等程度上的差别。

(三)根据情绪的状态对情绪进行分类

根据情绪的状态,可以将情绪分为以下几种类型。

1. 心境

心境是一种轻微、平和而持久的情绪状态,它具有弥散性,会影响人的整个精神活动。当一个人拥有一个良好的心境时,可以体会到"万事称心如意"、"神清气爽"之感。反之,如果拥有一个不佳的心境,则会感觉一切都不顺利。

2. 激情

激情是一种短暂的、强烈的、具有爆发性的情绪状态。通常情况下,激情是由强烈的外界刺激所引起,且这种刺激一般对个人有重大意义,如事业成功后的狂喜、亲人逝世后的悲痛等。

3. 应激

应激是指由出乎意料的紧急事件所引起的极度紧张的情绪状态。应激既具有积极作用,也具有消极作用。从积极作用方面来说,应激使人具有特殊的防卫机能,调动潜力,增强反应力;从消极作用方面来说,应激可能使人的意识范围缩小,认识机能下降,动作紊乱,强烈而持续的应激状态,不仅会干扰人的学习和工作,甚至可能影响人的身心健康。

### 三、情绪的功能

情绪在人类的心理活动和社会实践中具有重要的功能,主要表现在以下几个方面。

（一）动机功能

情绪"能够驱策有机体发生反应、从事活动,在诸多领域里为人类的各种活动提供动机"[①]。一般来说,生理内驱力是激活有机体行为的动力,但是情绪可以放大这种需求,从而更强地激发行为。例如,人处于缺氧的情况下,会产生补充氧气的生理需要,但是这种生理驱力本身并没有足够的力量去激发行为,这时产生的急迫和恐慌等情绪就起着放大和增强内驱力的作用,并与生理内驱力合并去驱策人的行为。

（二）组织功能

情绪的组织功能是指情绪可以引起或维持行动的方向。当人们面临某种重要任务或关键时刻所引起的情绪紧张和过分激动,会促使人们根据外界情境和肌体内部的变化来调节行为。适度的情绪对活动有促进作用,过度的情绪对活动有阻碍作用,情绪的调节可以把行为引向合理的轨道。

（三）信号功能

表情是情绪的外部表现,表情具有信号传递的作用。在日常生活中,人们不仅可以依靠表情传递情绪情感,而且可以传递思想、观念。根据研究表明,在生活中,"55％的信息是靠非言语表情传递的,38％的信息是靠言语表情传递的,只有7％的信息才是

---

①　林清香.大学生心理健康教育[M].北京:清华大学出版社,2013:156.

靠言语传递的"①。表情比语言更有生动性、表现力。

（四）适应功能

情绪在人类的日常生活中直接反映了人们的生存状况,是人们心理活动的外部显示器,如痛苦表示处境非常困难;愉快表示处境良好;悲伤表示由丧失导致的无奈。人们通过察言观色体察他人的情绪状况,以便采取适当的反应和措施,由此可见,情绪具有适应功能。

## 四、情绪的维度

情绪的维度包括情绪的强度、情绪的复杂度、情绪的紧张度以及情绪的快感度等几个方面。

（一）情绪的强度

情绪体验可以在强度上有由弱到强的不同等级的变化。情绪的强度越大,整个自我被情绪卷入的程度也越深。例如,喜有满意、愉快、欢乐、狂喜等强度上的差别,怒有不满、生气、愤怒、暴怒等强度上的差别;哀有遗憾、失望、难过、悲伤、哀痛等强度上的差别;惧有害怕、惊恐、恐怖等强度上的差别。

（二）情绪的复杂度

由于情绪是不同体验的组合,所以其具有一定的复杂性,例如,爱包含快乐、柔情的成分,而恨则包含厌恶、恐惧、愤怒等情绪。

（三）情绪的紧张度

情绪在紧张度方面也存在着较大的变化,紧张的情绪体验通常与人们所进行的一些活动相关,所进行的活动对于个体来说越

---

① 林清香.大学生心理健康教育[M].北京:清华大学出版社,2013:156.

重要,那么个体所体验的紧张度就越明显,当个体所进行的活动已经结束时,个体就会体验到由紧张到放松的感觉。

（四）情绪的快感度

情绪的快感度是指个体的情绪体验在快乐与不快乐的程度上的差异。欢喜、快乐、满意等具有明显的快乐的感受;悲伤、悔恨等具有明显的不快乐的感受。但需要指出的是,也有一些情感体验个体所获得的快感度是比较模糊的,例如,惊奇、怜悯等既不是快乐的感受,也不是不快乐的感受。

## 五、情绪的影响

情绪会对个体产生一定的影响,概括来说,这些影响主要包括以下几方面。

（一）情绪对个体健康的影响

良好的情绪对个体的身心理健康成长有促进作用,反之,不良情绪对个体的身心健康具有危害作用,其干扰个体的心理活动,导致心理障碍,引发生理疾病。

（二）情绪对个体人际关系的影响

情绪具有一定的感染性和传染性。在现实生活中,乐观、自信的人会将自己的情绪带给身边的人,人们因此也会愿意与其交往,所以乐观、自信的人更容易形成良好的人际关系;反之,悲观、自卑的情绪同样也会对身边的人产生一定的影响,人们也会因此发现悲观、自卑的人不容易沟通,所以就会自然地与之疏远,这对其良好人际关系的形成产生负面作用。由此可知,情绪对个体的人际关系具有重要影响。

## 六、健康情绪的标准

健康情绪和不健康情绪之间的区别是相对的,很难有严格的

界限。目前大多数人所采用的一种观点认为,健康情绪应当符合以下几个标准:

第一,情绪反应的强度和引起它的情境相适应。过于强烈的情绪反应或强度不足的反应都不是健康的情绪反应。

第二,情绪反应能够随着客观情境的变化而转移。人们在日常生活中,情绪反应的持续时间是不同的。当引起情绪的因素消失后,情绪反应在较短的时间内恢复平静。但有的情绪(如失恋、亲人的死亡)则需要较长时间才能恢复到正常的状态。不能随着客观情境的变化而变化的情绪反应,不是健康的情绪反应。

第三,情绪是由适当的原因所引起的。根据心理学的研究表明,情绪反应都是有其原因或对象的。同时,当事人和周围的人也能觉察到情绪产生的原因,或赞同其对情绪产生原因的解释。毫无原因的情绪反应不是健康的情绪反应。

## 七、大学生情绪的特点

大学生的情绪具有显著的特点,概括来说,这些特点主要包括以下几方面:

### (一)冲动性和爆发性

大学生兴趣广泛,而且对外界的事物较为敏感,加之年轻气盛和从众心理,所以其情绪较容易被激发,仍然带有很大的冲动性。

大学生情绪的冲动性常常与爆发性相连。大学生的自制力较弱,有些大学生在遇到外界某种强烈的刺激时,情绪便会突然爆发,非常容易产生破坏性的行为和后果,为此,大学生一定要对自身存在的这一特点有所意识。

### (二)阶段性和层次性

在大学阶段,由于各个年级学生所面临的问题不同,而且培养目标和培养重点也不同,所以教育方式和课程设置就会存在一定的差别,大学生所呈现出的情绪体验也就会有所区别,表现出阶段性和层次性的特点。

　　一般来说,大学新生由于面临着适应新环境、改变学习方法等问题,其情绪波动较大;大学二、三年级的学生经过了一段时间的适应期,已经基本融入大学生活,情绪比较稳定;大学四年级的学生由于面临着毕业、求职等多方面的问题,其情绪波动也较大,且消极情绪可能会较多。

　　(三)外显性和内隐性

　　通常情况下,大学生的情绪一眼就可以看出来,具有外显性的特点。但是,随着年龄的增长,大学生的自控能力逐渐增强,他们在某些特定场合和问题上,往往会有意控制自己的情绪,从而表现出内隐性的特点。

　　(四)丰富性和复杂性

　　大学生情绪丰富性和复杂性的特点主要表现在以下几方面。
　　第一,从社交方面来说,大学生的交际范围广,与同学、师长之间的交往更加丰富,有的学生还开始体验到恋爱这种情感,这种情感往往伴随着更加深刻的情绪体验,这些情绪体验对大学生都有十分重要的影响。
　　第二,从自我意识的发展方面来说,大学生表现出较多的自我体验,而且自我尊重的需要强烈,容易产生自负、自卑等情绪。

## 八、影响大学生情绪的因素

　　情绪的产生受一定因素的影响,下面主要对大学生不良情绪产生的原因进行简要分析。

　　(一)社会因素

　　当今社会变革的影响和多元价值观念的冲击会对大学生的情绪产生一定的影响。目前,随着社会主义市场经济的建立和发展,人际关系越来越复杂,人们的传统价值观念受到冲击,转型期的一些社会现象,如工人下岗和失业、官员贪污和腐败、社会治安混乱等问题,会在短时间内对大学生产生一定的刺激,一些阅历较浅和心理承受能力比较差的大学生往往会产生一系列的情绪问题,对其身心发展极为不利。

(二)家庭因素

家庭是个体的启蒙学校,可以说,个体良好情绪状态的培养最重要的就在于家庭的教育。家庭的经济状况、家庭成员的受教育程度、家长的教育态度、家庭成员之间的亲疏关系等都对个体情绪状态的培养具有至关重要的作用。目前,社会生活节奏不断加快,人们的观念出现了较大的变化,这些变化对家庭的冲击也比较大,单亲、下岗、失业、犯罪等家庭问题逐渐增多,这些问题无疑会对孩子产生重要影响。调查研究表明,在这种家庭中长大的大学生都比较敏感,容易出现各种情绪问题。由此可见,家庭对大学生的成长具有非常重要的作用。

(三)学校环境因素

目前,高校招生规模不断扩大,改革也不断深化,由此给学校环境带来了一系列的变化,如就读二级学院的学费比较高、淘汰机制和择业制度不断改革和完善,这些无不刺激每个大学生的神经,对他们的心理也带来了冲击,影响着他们的情绪。另外,校园文化对大学生的情绪也会产生一定程度的影响。近年来,由于经济负担和学业负担比较沉重,就业压力也比较大,所以校园文化出现了气氛不浓、品位不高、效果欠佳等现象,有些学生社团也名存实亡,校园人际关系对许多学生来说既复杂又难以协调。理想与现实的反差使不少学生产生心灵孤独感、寂寞感和不适应感,甚至对学习的管理产生抵触情绪。在这种情况下,如果高校的素质教育尤其是心理健康教育比较滞后,那么就可能会导致大学生由于情绪问题而产生的心理障碍越来越严重的现象。

（四）大学生自身因素

大学生由于自身的一些因素也会产生一定的情绪问题,这些因素主要包括以下几方面。

**1. 角色转换适应不良**

从中学到大学的学习和生活及人际交往的不适应,使一些大学生不能及时正确地转换角色,从而出现孤独、自卑和紧张等不良情绪。

**2. 理想与现实的冲突**

每个大学生入学前都有过辉煌和骄傲,但大学校园群英集聚,自己往昔强者的地位被更强者淹没,理想和现实的反差使许多学生容易产生失落感。

**3. 缺乏对情绪的准确分析和自控**

许多大学生都缺乏必要的心理健康知识,不能很好地分析自己的情绪,更不能有效地控制情绪,使负性情绪自由泛滥。长此以往,则易使情绪问题加剧。

# 第二节　大学生常见的情绪心理问题分析

大学生由于自身的生理和心理特点,往往比较容易出现各种情绪问题,概括来说,大学生常见的情绪心理问题主要包括以下几方面。

## 一、焦虑

（一）焦虑的概念

焦虑是一种非特定的、不知所以然的提心吊胆与紧张不安的情绪状态。现代生活中的许多大学生都经常会体验到这种情绪,大学生的压力越大,这种情绪体验就越明显。

(二)大学生的焦虑情绪

### 1. 大学生常见焦虑情绪的种类

大学生常见的焦虑情绪主要有反应性焦虑和神经质焦虑两种。

(1)反应性焦虑

反应性焦虑是一种暂时波动的情绪状态,它由可以感知到的外在危机引起,具有客观性、情境性与意识性,是每个人都会碰到的一种体验。

(2)神经质焦虑

神经质焦虑是由于长期的焦虑体验的累积,在人格特质中残余成为一种相对稳定的成分,成为一种根深蒂固的人格特质。神经质焦虑患者除了感受一般焦虑症状的压迫,如提心吊胆、心神不宁外,还常常伴随一系列明显的神经生理反应甚至植物神经系统的功能障碍,比如感到窒息、恶心,出冷汗,心悸手颤,胃痛腹泻,食欲减退,失眠等。

### 2. 大学生常见的焦虑情绪

(1)学习焦虑

与高中时代相比,大学阶段的学习环境、授课方式等发生一定的变化,这就使得部分大学生对于学习感到无所适从,从而出现了学习焦虑的情绪。

(2)形象焦虑

大学生的形象焦虑主要是指担心自己的外貌不够漂亮、没有魅力。通常是由身材矮小、肥胖,脸上有粉刺、雀斑、胎记等引起的焦虑。

(3)社交焦虑

社交焦虑是指大学生对于人际交往具有强烈的紧张不安或

者恐惧的情绪反应,在社交交往中对自己缺乏自信心,不敢或者不愿与人交往,或者被动交往时产生极度紧张、恐惧的情绪。

(4)考试焦虑

考试焦虑通常是大学生担心考试失败或刻意要求取得更好的考试成绩而产生的,具体表现为总将自己的成绩与同伴相比较,对考试成绩缺乏自信或经常产生失败的预想,考试之前焦躁不安、失眠、记忆力减退,考试过程中产生与考试无关的想法和知识遗忘现象。

(5)择业焦虑

择业焦虑是指大学生由于不能很好地适应以及解决在择业过程中出现的各种问题而产生的焦虑情绪。主要表现为面临择业过分紧张,甚至产生逃避心理。

## 二、嫉妒

### (一)嫉妒的概念

嫉妒是指一种发现他人在某些方面胜过自己时而产生的不快、怨恨、痛苦等的情绪体验。这种情绪体验对个体的身体健康极为不利,有这种心理状态的人常常由于长期压抑,胸中郁闷,整日忧心忡忡,长此以往会导致饮食减退、夜不能寝、烦躁易怒、疲劳无力、机体防御机能下降、免疫力减低,导致一系列生理疾病;另外,嫉妒破坏情绪、干扰心境、妨害心理平衡,还会影响人的判断力和自我控制力。

### (二)大学生的嫉妒情绪

大学生嫉妒情绪的产生具有一定的原因,概括来说,这些原因主要包括以下几方面:

1. 耽于幻想

有些大学生不切实际,当发现别人比自己强时,不是努力去赶上别人,而是在想象中安慰自己,而当现实击垮他们的幻想时,就会产生嫉妒心理。

## 2. 幼稚、不成熟

有些大学生心理仍不成熟,不能全面地看问题,经常走极端,又不能从失败中吸取教训,一旦事与愿违就会产生嫉妒心理。

## 3. 虚荣心强

有些大学生过分关心别人对自己的评价,当自己不能成为别人关注的焦点时,就会对取代自己的位置的人产生嫉妒心理。

## 4. 独占欲强

有些大学生对自己的要求极高,希望所有的好事都发生在自己身上,一旦他人得到自己认为的荣誉和好处,就会产生嫉妒心理。

## 三、自卑

### (一)自卑的概念

自卑是个体由于某种生理或心理上的缺陷或其他原因而引起的轻视自我的态度体验,表现为轻视自己或看不起自己,担心失去他人尊重的心理状态。这种心理状态很容易产生一种压抑、孤独的情感,严重地影响着个体的生活和工作。自卑有两类典型行为:一类是比较简单、明显,内部的自卑意识通过行为表现出来;另一类是不承认自己的不足,竭力掩饰自己,使他人不觉察到他有自卑。

需要指出的是,自卑并不总是一种独立存在的情绪状态,它时常和其他情绪一起出现,或作为某种心理疾病如抑郁症的一个症状而表现出来。因此分析自卑产生的原因、过程及对自卑的克服都应结合其所伴随的其他不良情绪来进行。

（二）大学生的自卑情绪

大学生自卑情绪的产生往往具有一定的原因,概括来说,这些原因主要包括以下几方面:

1. 主观原因

自卑的产生与大学生的主观因素密切相关,同样条件的大学生,有的可能会自卑,有的则毫不在意,这就与学生个体的心理状态有密切关系。

2. 客观原因

引起大学生产生自卑情绪的客观原因有很多,概括来说,这些原因主要包括以下几方面。

第一,感觉自己在家庭出身、生活环境、能力及专业等方面不如别人。

第二,对自己生理素质的不满意,如在长相、身高、体态等方面不如他人,为此感到自卑,特别是那些有严重疾患和缺陷的人。

第三,好胜心受到挫折,如由于学习上的失败,以及由理想和现实冲突所带来的优势感丧失。

第四,自尊心得不到应有的尊重。一个大学生如果经常受到老师的责备和同学的疏远冷淡,那么他就很容易产生自己被别人瞧不起的自卑感。

四、抑郁

（一）抑郁的概念

抑郁是一种由情绪低落、冷漠、悲观、失望等构成的一种复合性负情绪。抑郁可以是许多心理疾病的症状之一,也可以是一种相对轻微的心境状态。抑郁者常用错误推理进行自我贬低,自我责备。抑郁还包括愤怒、恐惧、悔恨、自罪感等多种情绪成分,它们相互交流,纠结在内,形成一种恶性循环。

（二）大学生的抑郁情绪

概括来说,大学生常见的抑郁情绪主要包括以下几个方面。

1. 快感缺失

轻者表现为对事物缺乏兴趣、做事缺乏主动性、不愿与他人交往、对各种娱乐活动或令人高兴的事体验不到乐趣;重者表现为疏远亲友、闭门独居、完全杜绝社交。

2. 身体不适

有身体不适感,但医学检查无明显生理病变,这种身体不适多为不明原因的疼痛、疲劳、睡眠障碍、便秘、心悸、气短等病症。

3. 抑郁心境

轻者表现为无精打采、心情不佳、苦恼、忧伤,终日唉声叹气;重者表现为悲观、绝望,甚至有自杀倾向。

4. 睡眠障碍

睡眠障碍主要表现为入睡困难,早醒。也有少数的人表现为睡眠过多。

5. 食欲改变

轻者表现为进食减少或食欲增强,体重骤增或骤减;重者表现为终日不思茶饭。

6. 自杀念头和行为

抑郁症严重的人会采取自杀这种极端的方式来摆脱痛苦,这是抑郁症最危险的行为。

### 五、愤怒

#### （一）愤怒的概念

愤怒是由于外界干扰使人的愿望实现受到阻碍，从而使人们内心产生的一种激烈的情绪反应。心理学表明，当愤怒发生时，可能导致人体心跳加快、心律失常、高血压等躯体性疾病，同时还会使人的自制力减弱甚至丧失，思维受阻、行为冲动，甚或做出一些事后后悔不迭的蠢事或造成不可挽回的损失。

#### （二）大学生的愤怒情绪

大学生愤怒的产生往往具有一定的原因，概括来说，这些原因主要包括以下几方面：

第一，大学生正处在身心急剧发展、激情澎湃的青年时期，往往好激动、易动怒，常常会因一句刺耳的话或不顺心的小事而暴跳如雷；因别人的观点或意见与自己不合而恼羞成怒。

第二，大学生具有较强的自尊心和好胜心，当其自尊心、人格受到侮辱的时候，就容易产生愤怒情绪。

## 第三节　应对大学生常见情绪心理问题的策略

### 一、应对大学生焦虑情绪的策略

大学生存在焦虑情绪问题时，除了积极地向心理咨询师咨询外，一些心理自助的方法也可以非常好地缓解焦虑状况。常用的方法有以下几种。

#### （一）调整呼吸法

当大学生处于焦虑状态时，呼吸会变得急促与费力，在各种焦虑反应中，都会出现这种呼吸上的变化。呼吸的加快会使大学生出现呼吸困难、胸部疼痛等身体上的难受反应,而这种身体上的反应,又会加重其在心理上的焦虑感。针对这种现象,应训练用全肺呼吸,基本要求是缓慢、均匀地用肺部呼吸,从而使身体慢慢地放松。在刚开始练习全肺呼吸时,大学生应以躺着的姿势进行,因为这种姿势最容易练习,随着对这种呼吸方式的掌握,大学生可以在任何姿势下进行这种呼吸方式。这样可有效地帮助其舒缓与控制焦虑。

(二)运动调整法

运动是调整焦虑情绪的有效方法。大学生在运动过程中,体内的"内啡肽"物质的分泌会使其体验到愉快、平和的情绪,从而有效地进入一种与焦虑相反的松弛状态。运动调整法要求一周至少运动 3 次,每次 20 分以上;运动项目可选择一些轻松有趣的胆量项目,最主要是自己感兴趣的。如果可以,最好结伴运动,以相互鼓励与支持,维持长期的运动。

(三)改善睡眠的方法

处于焦虑状态的大学生往往晚上睡眠不好,对失眠的担忧,更加重其自身的焦虑情绪。因此,针对焦虑,大学生首先要学会一些改善睡眠的方法,具体应做到以下几方面:

第一,睡觉前不要进食刺激性的食物,如喝酒、喝茶、喝咖啡等。在睡前半小时喝一杯热牛奶,可有助于睡眠。

第二,不要在床上看书、看报、吃东西,只在想睡觉时才上床,把床与睡眠紧密地联系起来,将床只看作睡觉的地方。

第三,适当地进行体育运动。在晚上睡觉前进行半小时的运动,特别是快走或慢跑,有助于睡眠。

第四,如果在床上躺了 15~20 分钟仍未入睡,那么可以起床做一些其他的事情,但此时不要做过于激烈的运动,可做一些简单和轻微的事情,如看看书和杂志。当你有了睡意时再重新上床。

第五，使自己的身体与心理处于较为放松的状态。不要过于担心失眠问题，接受自己会偶尔失眠的状态；可在入睡前 1～2 个小时通过洗热水澡、听音乐等方法让自己松弛；当你躺在床上时，可自己通过放松的方法或调整呼吸的方法使自己的身体达到松弛。

（四）放松法

焦虑会使大学生感到紧张、肌肉酸痛、无法集中精力，或者有一些躯体上的症状。如此种种反应，都会使大学生感觉非常难受。因此，学会放松对于大学生来说是一种有效舒缓焦虑的方法。常见的放松法主要包括以下几种。

1. 简单放松法

大学生可以找一个让自己心情平静和放松的目标，如自己喜欢的一件物品，或默念"放松、放松"，在练习的过程中，将注意力集中在自然、放松的呼吸上，想象自己的身体逐渐放松。

2. 暗示性放松法

大学生在焦虑时找到一个可以供自己放松的标志物，如一件自己常见的物体。当看到这件物体时，就提示自己做放松训练，基本过程仍是注意呼吸和放松全身肌肉。

3. 渐进性肌肉放松法

渐进性肌肉放松法的基本原理是：使你的肌肉紧张，保持这种紧张感 3～5 秒，并注意这种紧张的感觉，之后放松 10～15 秒，最后，体验放松时肌肉的感觉。在放松训练中，一般是从下向上放松，即从脚趾到头顶的放松。通过这种全身主要肌肉收缩—放松的反复交替训练，可以稳定大学生的情绪。长期坚持训练，可以使大学生总是处于一种心态较平静的状态，对其性格及生活适应都有积极意义。

## 二、应对大学生嫉妒情绪的策略

大学生可以对嫉妒情绪进行管理和调节,具体来说,大学生应该做到以下几方面。

### (一)充实自我

认识和寻求自我价值的提升是解决大学生嫉妒情绪的根本途径,大学生应该发挥自身潜能,努力使自己处于其领域的领先位置,其嫉妒情绪自然会得到化解。

### (二)客观地评价自己

当嫉妒心理萌发或是有一定表现时,大学生应主动地调整自己的意识和行动,同时客观地评价自己,找出一定的差距和问题。当认清自己后,再重新看待别人,自然也就能够有所觉悟了。

### (三)用审美的眼光欣赏可能引发嫉妒的对象

大学生应该学会化嫉妒为动力,以审美的眼光欣赏可能引发嫉妒的对象,这是去除嫉妒的有效途径。大学生应该明白,嫉妒并不能使人变得更加优秀,倒不如把对对手的嫉妒转化为学习的动力,尽量缩短与对方的差距或赶超对方,才能真正达到减弱以致消除嫉妒的目的。

### (四)进行自我宣泄

大学生可以通过一定方法来宣泄嫉妒情绪。比如,可以通过向自己亲近的朋友或者亲人倾诉自己内心的不平衡,然后由亲友适时地进行开导。虽然自我宣泄并不能从根本上解决嫉妒心理,但是却可以避免这种消极的情绪朝着更为严重的方向发展。除此之外,大学生也可以通过培养广泛的兴趣爱好来宣泄自己内心的不平衡。

### 三、应对大学生自卑情绪的策略

要想克服由于自卑情绪产生的种种不良表现，首先应改变心态，端正认知，然后再进行必要的心理调适。概括来说，大学生可以通过以下几种方法对自身的自卑情绪进行调节。

（一）端正认知

大学生的自卑情绪往往是来自对自己的不自信，往往会忽略自己的优点，而放大自身的缺点。因此，大学生必须端正态度，切不可妄自菲薄。要多关注自己的优点，建立自信心，从而摆脱自卑情绪。

（二）勇敢交往

自卑的大学生往往不善与人交往，但是人始终是处于社会各种各样的关系之中，不可能脱离社会而孤立存在。因此，大学生要放下心理包袱，坦然接受，不要因为少数人的刻薄和轻视而将自己封闭起来，要勇敢面对生活中的人和事，尝试友好地接纳别人。

### 四、应对大学生抑郁情绪的策略

大学生在出现抑郁情绪时，接受专业心理教师的治疗是第一选择。除了这一途径外，大学生还可以通过一些自助疗法来管理和调节抑郁，具体来说，这些自助疗法主要包括以下几种。

（一）运动疗法

患有抑郁症的大学生缺乏获得快乐的能力，脑海中总是出现自动的负性思维，而在运动中，大脑内会分泌出一种叫"内啡肽"的物质，这种物质会激发人体获得快感，同时使个体变得更加敏感，可以从食物、爱人、朋友的友谊那里体会到更多的快乐。因此经常运动的人会有更多的幸福。而且，经常运动的人还会发现，自己在运动的过程中往往会忘记当时正在烦心的事，慢慢进入一种专心运动的状态。在运动的这段时间内，个体似乎进入了另一种状态，在这种状态中，个体能更积极、更有创造性地看待事物。

(二)食物疗法

根据国外最新的研究表明，抑郁病人在服用一种含有奥米加-3的鱼油后，抑郁症状在几周内有明显缓解。而富含奥米加-3的食物有香蕉、深海鱼、南瓜、大蒜、蔬菜、低脂牛奶以及全麦面包等。因此，当大学生出现抑郁情绪时，可以通过食用以上事物来缓解甚至是消除自己的抑郁。

(三)阳光疗法

在抑郁症中，有一种叫SAD(季节性情感障碍)的抑郁症。研究发现，对于约3/4的SAD患者，每天在人工光线下照射几个小时，其抑郁症状就会大大缓解。研究者们认为这与个体生理上的节律有关。因此，每天适当晒晒太阳，也可以有效地预防抑郁。

(四)SOLER社交技巧训练

SOLER是由下列每个英文单词的第一个字母所组成的。

1. S(Squarely)——面对对方

在社交活动中，与他人交谈时，面对对方，是对对方的一种基本尊重。在与他人交谈时，我们可以选取面对面、并排、90°角的站姿或坐姿。面对面的位置往往表示一种对峙，并排表示亲密，而90°角则可进可退，既保持较亲密的关系，又可以保留各自的缓冲空间。因此，在选择位置时，根据你与他人的心理空间来确定你们的人际位置较为合适。

2. O(Open)——身体姿势开放

在与他人的交往中，一些身体姿态如放松拳头、手心向上、身体不过度摆动等代表你的包容与接纳,愿意向对方开放自己,也会使对方愿意开放自己。如果你的身体姿势是双手放平、手心向下或双手抱胸、跷起二郎腿等,则显得萎缩封闭,会使对方也表现退缩、不愿表达和开放自己。

### 3. L(Lean)——身体稍微倾向当事人

在与他人沟通中,身体稍微倾向对方的姿势,传达出你对对方的关心和尊重,会让对方也愿意开放自己。如果你在与他人沟通的过程中身体后倾、紧贴椅背,不仅拉大了你与对方的空间距离,而且显得冷漠、疏远和蔑视,会使对方感觉不被尊重而不愿将谈话深入。

### 4. E(Eye)——良好的目光接触

在与他人交谈时,与对方的目光接触,能够传递出你正在认真聆听对方的意思,表达了对对方谈话内容的重视,通过这种眼神的接触,对方可以感受到被尊重和认可。如果在与对方交谈时,目光闪烁不定,就让对方的眼神无法凝视,会使对方感觉你不认真倾听他的谈话,不在乎他的感受。同时,在与人交谈中,目光不要始终接触对方。一般而言,当你在倾听对方谈话时,接触可以多一些,当自己谈话时,视线可有短时间的离开。

### 5. R(Relaxed)——身体放松

在与他人沟通时,放松的身体姿势,可传达出你身心的平静,对方受到你这种姿态的感染,也能够放松下来,和你进行放松而自然的沟通。如果你在交往过程中双拳紧握、双眉紧锁、双肩紧扣,这种紧张的姿态,不仅不能让对方放松下来,还会使对方感受到紧张与压抑,从而不愿继续沟通。

## 五、应对大学生愤怒情绪的策略

大学生的愤怒情绪对自身的发展极为不利,大学生可以通过以下几种方法来对自身的愤怒情绪进行调节：

第一，为愤怒情绪寻找一个合适的出口，如可以参加一些自己喜爱的文体活动，比如打球、爬山、旅游等，通过这些途径，将愤怒宣泄出来。

第二，了解自己愤怒的来源，把愤怒的能量转化为建设的动力。

第三，在愤怒情绪产生之后，努力去了解自己发怒的原因，也可以找一个人进行倾诉，使其帮助自己缓解这种情绪。

第四，当发现自己非常愤怒时，可以写一封信给你发火的对象，在信中将自己发火的原因等阐述一下。然后将信放起来，第二天再拿出来看下这件事情是否值得自己发怒。

第五，要对自己的愤怒负责。在怒气刚产生时要以理智来加以抑制，可以强迫自己先不要讲话，通过一段时间的静默以便能够对事情冷静地进行思考；也可以在怒不可遏时，选择合适的格言来暗示自己，使冲动的言行得以缓解，避免不必要的损失。

# 第八章　顺利就业：大学生就业心理问题研究

就业是每个大学生都会面临的一条路，这是大学生通往社会的第一关。近年来，随着高校的扩招，每年的毕业生人数逐渐增加，随之增加的还有就业难的问题。除了关系到大学生个人的生存、社会的发展之外，就业也对大学生的身心健康有着非常大的影响，其具有的就业心理会在很大程度上决定其就业水平。因此，大学生在毕业之前要做好充分的心理准备，及时发现就业心理问题并进行解决。本章将对就业心理的内涵、大学生常见的就业心理问题、应对大学生常见心理问题的策略进行研究。

## 第一节　就业心理的内涵

### 一、就业心理的定义和特点

（一）就业心理的定义

就业心理就是指个体在面临择业时所持有的心理态度和所拥有的心理素质。对于择业者而言，稳定的心理态度和良好的心理素质有利于进行择业前正确的角色定位和自我评价，从而从容找到一份适合自己兴趣爱好和特长发挥的职业，最大程度展现自我的价值。

就业心理从时间上可以分为以下几个阶段：

第一，初始就业心理阶段。在这个阶段，大学生的就业心理表现为对职业期望值较高，对工作感到新奇，有成就事业的渴望。

第二，受挫就业心理阶段。在工作过程中，由于对领导、同事的行为不满,或者对事情的处理不当,从而产生焦虑、不安、恼怒等心理状态。

第三,调整就业心理阶段。经过一段适应期,逐渐与社会相融合,认同某些与自己心理相冲突的价值观,从而实现个体与周围环境的和谐。

(二)就业心理的特点

1. 矛盾性

随着社会主义市场经济的建立和完善,人们的思想、观念和生活方式也相继发生重大变化。大学生思想活跃、勇于探索、求知欲强、勤于思考。经济和社会发展派生出来的社会矛盾,高校扩招、高等教育大众化带来的一系列变化,使青年学生的心理产生困惑迷茫,无所适从。反映在择业心理上,就是集体主义和个人主义的价值取向问题。他们往往具有开拓进取、创造文明的美好愿望,但亦苛求社会的回报,这种现象就构成了择业心理的矛盾性。积极的和消极的、崇高的和畸形的、理想的和现实的择业心理均是其矛盾性的不同体现。

2. 波动性

考入大学的学生实现了升学的愿望,来到了新的环境,学习的目的、方法和人际关系都发生了较大的变化。同时随着大学生独立性的增强,生活空间的逐步扩大,自我意识有了新的发展,行动的目的性和自觉性增强。但其知识结构不尽完善,独立个性还没有完全形成,在面临多种动机的选择时,往往易从一个极端走向另外一个极端。对于择业也是一样,一个时期或一个环境他们如果感觉到该职业有利于自身发展,就有可能盲目确定自己的奋斗目标,而在另外一个时期或另外一个环境就又改变了自己的初衷,在择业心理上出现很大波动。

### 3. 渐进性

处在青年时期的学生,其政治上、思想上,尤其是心理上还不够成熟,辨别正误的能力不够强,不善于全面、客观、发展地看问题,因而容易导致思想偏激。当个人理想和客观现实之间产生矛盾和冲突时就会引起心理上的不平衡,并产生各种悲观的消极情绪。随着受教育时间的增长和学业的渐进,丰富的知识、顽强的意志、综合能力就会逐步促进毕业生的心理成熟,使他们学会怎样分析问题和解决问题。

## 二、良好就业心理的一般要求

### (一)保持正确的自我评价

#### 1. 自我评价的原则

(1)适度性

自我评价应该适当。不适当的自我评价是指过高的评价或者过低的评价。过高的评价往往使自己脱离现实,意识不到自己的条件限制,甚至自傲狂妄,由自信走向自负;过低的自我评价,往往忽视自我的长处,缺乏自信,过于自卑。过高或过低的自我评价,对自己都是不公正的。

(2)客观性

自我评价还应当掌握客观性的原则。尽管是自己对自己进行观察、分析和评价,但毕竟需要以客观事实为基础。人贵有自知之明。"自知"的可贵,是与不易分不开的。"自知"之所以不易,是因为自知的过程往往会受到个人主观因素的限制和干扰。只有努力克服和排除这些限制及干扰,才能使自我评价趋于客观。

(3)全面性

自我评价应当全面。既要看到自己的优点和特长,又要看到自己的缺点和不足;既要对自我某一方面的特殊素质进行具体评价,又要对其他各个方面的整体素质进行综合评价;既要考虑到全面的整体因素,又要考虑到其中占主导地位的重点因素。反之,任何一种片面的、孤立的、不分主次的自我评价,显然都不可能全面而正确地反映自己的整体素质状况。

(4)发展性

自我评价时,应以发展的眼光看待自己。世间万物都是不断变化的,包括自我评价者自己。今日的自我,已不同于昨日的自我;明日的自我,显然也不会依然故我。自我评价不但应当对自己的现实素质做出适当、全面、客观的评价,而且应当着眼于未来的发展变化,预见性地估价自己将来的发展潜力和前景。

### 2. 自我评价的方法

(1)自我分析法

首先,兴趣是最好的老师,把兴趣和职业方向联系起来至关重要,不可因经济实惠的利益驱动而抹杀自己的兴趣。

其次,要正确地对知识、能力、个性、特长等方面进行分析,确定自己最适合的职业。知识影响专业背景,能力影响职业素质,人际关系影响发展前景,特长影响成功。

最后,要考虑社会的需要。择业时考虑个人因素是合理的,但前提是这种选择是否符合社会的需要。人是现实的、社会的人。个人期望与社会需求有效结合,才是最合理的选择。

(2)自省比较法

自省比较法即通过自我反省、自我总结、自我比较的方法认识自己。如自己与自己的过去比较,回顾过去的经历,对自己的想法、期望、品德、行为进行理性思考,然后认真地描述和判断自己的特点。在这个过程中,个人需要收集信息,并耐心地进行分析。比如,问问自己:过去我做过什么自己确实喜爱的工作,喜欢这些工作的哪些方面? 现在我仍喜欢它们的哪些方面? 我喜欢处理人际关系,还是喜欢处理具体问题或处理信息情报的技术? 什么能激发我的活力,什么令我感觉倦怠乏味? 另外,要对过去的成功经验和教训进行回顾,分析自己过去有哪些成功,哪些不成功,原因是什么;除了客观因素外,自己在哪些方面还需要改进。需要注意的是,要尽量以客观评价为依据,避免因为个人认识或个人动机出现较大误差。

(3)他人评价法

他人评价法是自我认识的一个重要方法,因为自己对自己的评价往往带有主观偏见,尤其是对自己的突出优点和缺点估计不足,如能借鉴他人对自己的评价(一般指老师、父母、朋友、同学等对自己相当了解的人的看法、评价),就能更准确地认识自己。他人评价法主要是依据他人对自己的态度,通过与自己条件相似的人进行比较,通过专家咨询来评价自我。

(二)保持良好的心理状态

在生活中,我们经常会碰到有些人一取得好成绩,就喜不自胜,忘记了自己的努力方向和奋斗目标,使前进画上了句号;一碰到困难,就一筹莫展,认为前进道路上处处布满荆棘,畏缩不前,失去了前进的勇气;因而丧失了取胜与成功的机会。这二者都不是一种良好的心理状态,尤其是对处于成长期的大学生而言,会对成才与发展造成阻碍。因此,大学生应当时刻保持乐观、向上的良好心态,对生活与未来充满自信与希望。主动调节喜、怒、悲、乐,适时控制自己,时刻把握自己,做到喜不狂、忧不绝、胜不骄、败不馁。

(三)具备坚定的信念与顽强的毅力

大学生具备坚定的信念与顽强的毅力是指大学生在气质、能力、性格、理想、信念、人生观、价值取向等多方面得到平衡发展。大学生应当将自己的所思、所做、所言、所信协调一致,树立积极进取的人生观,并以此为中心,把自己的需要、愿望、目标和行为统一起来。

（四）较好的适应环境的能力

这里谈到的环境,是指人际环境与社会自然、生活和工作环境。适应人际环境,就是善于与人交往、开朗乐观、积极主动、助人为乐,与人相处时可做到尊重、信任、友爱、宽容与理解。适应社会自然、生活和工作环境,是指大学生在面临环境改变时,能正视自我,面对现实,对环境做出客观的认识与反映;调整自我,使个人的行为符合新环境的要求,能与社会保持良好的接触和链接;对社会现状有清晰的认识,能及时修正自己的需要与愿望,使自己的思想行为与社会协调一致。

## 三、就业心理的动机分析

个体的需要产生了动机．动机影响到个体行为的发生。一个人为什么要选择这种职业而不选择其他职业,为什么到这个地方而不去其他地方等,在很大程度上是受就业动机支配的。因此说,就业心理的核心就是就业动机的问题。影响就业动机的主要因素有职业的社会意义、经济报酬、地理位置、劳动强度、自身的适应性等。概括起来,毕业生就业动机主要表现在以下方面。

（一）谋求专业对口的职业岗位

不少毕业生在择业时首选专业对口的职业,学以致用是大部分毕业生的共同心理。他们认为专业对口能缩短工作适应期,有利于自我的才能发挥,有利于自我的发展。所以,不少毕业生宁愿报酬低点,条件艰苦点,也乐意从事与所学专业相关的工作。

（二）谋求社会地位高的职业岗位

职业有一定的社会意义,社会地位高的职业容易受人尊重,而光宗耀祖是中国人的一种传统心态。所以,谋求社会地位高的工作岗位几乎是毕业生普遍存在的就业心理动机。这些所谓社会地位高的岗位,主要是指有实权、有声望、经济实力雄厚的单位。毕业生在求职择业过程中往往首选的就是这样的岗位。

(三)谋求稳定性强的职业岗位

我国传统的劳动人事制度使人们形成了"从一而终"的职业观念,这种观念至今仍影响着人们的就业态度,认为有了稳定性才有安全感。所以,部分大学毕业生放弃一次次机遇,而到一些所谓保险性强的行政、事业单位或国有大中型企业,不愿"冒险"。当然,随着社会的发展,人们观念的更新,也有大学生不再看重稳定性,而是选择有利于自身发展的就业形式。

(四)渴望到经济发达地区就业

经济发达地区就业机会多、劳动报酬相对高、就业市场相对规范,所以很多大学生的就业目标就定位于长江三角洲、珠江三角洲、北京、上海等经济发达地区。众多毕业生蜂拥而至,使这些地区的人才呈过剩状态。不少毕业生因准备不足而多次求职无果无功而返,而亟需人才的中西部地区往往得不到所需人才。

(五)注重经济待遇

现在社会上有句很流行的话,"金钱不是万能的,但没有钱是万万不能的"。在市场经济环境下成长起来的大学生对经济问题也很敏感。当然,一直依靠父母供养的大学生渴望真正独立时,挣钱也就成了当务之急。只有具备了一定的经济基础,他们才能建立家庭、回报父母,有的毕业生才能将求学时的贷款还清等。所以,大学毕业生择业时,经济待遇是他们考虑的一项重要因素。

(六)渴望奉献社会,到基层建功立业

不可否认,有一批毕业生面对职业选择时,他们放弃了一般人所羡慕的好单位、高收入等优越的工作环境和职业,而是支援西部建设或到边疆、基层、生产第一线去建功立业。每年毕业前夕，都有一部分毕业生申请支边、支援西部、到艰苦地方去工作就是例证。这部分毕业生的就业心理动机是报效祖国、奉献社会，充分展现了新时代学子的精神面貌，是大学毕业生学习的榜样。

## 第二节　大学生常见的就业心理问题分析

### 一、影响大学生就业心理的因素

毕业生的就业心理是指大学生在毕业前后因就业问题而引发的心理活动，它的发展变化受到客观和主观两方面因素的影响。

（一）客观因素

1. 社会环境因素

人是社会性动物，生活于社会中的个体难免会受到社会环境的影响。影响就业心理的社会环境因素包括社会风气、社会经济发展对人才的需求状况、就业形势、就业政策等。随着我国就业制度的发展与改革，市场竞争已成为现在毕业生择业的主要手段，也给了毕业生择业更大的自主权和更广阔的空间，形成有利于毕业生公平、公正、自主地去就业的局面。但由于近几年高校毕业生人数的激增、经济发展对不同专业人才的需求差异、区域性经济发展不平衡、社会上仍存在任人唯亲等不正之风等，都在不同程度上影响着毕业生的就业，从而影响到毕业生的就业心理。从心理学角度讲，适应是健康的重要标志之一，面对社会环境对就业的影响，大学生应客观地看待它，积极地应对它，保持健康心态。现实就摆在同学们眼前，恐惧、退缩、抱怨等都不能解决就业问题。因此，毕业生应深入地了解社会、分析社会，及时调整自己的就业心理，以达到适应社会、顺利就业的目的。

## 2. 学校教育

随着人们对教育认识的深化，现在高校不仅仅重视专业教育，对学生进行全面素质教育也摆在各高校的议事日程。学校作为社会的一个缩影，担负着对学生进行社会化的教育与培训的责任。这个时期的学生会在学校为之提供的社会化教育环境中不断积累生活阅历，在自己的学习、生活实践中去了解、认识社会，掌握社会生活的本领，从而使心理不断走向成熟。在这一过程中，一个学校的校风、人文环境、教学模式等对大学生有着深刻的影响，进而潜移默化地影响到毕业生的就业心理。

## 3. 家庭影响

家庭是社会的基本细胞，父母是子女的启蒙教师。家庭的教育方法、家长的价值观念都在影响着学生的心理发展。毕业生在就业时，其就业心理很容易受到家庭因素的影响。如教育模式为民主型的家庭，毕业生就业时就自信、乐观，敢于而对挑战；溺爱型家庭成长起来的毕业生在严峻的就业形势面前就悲观、无助、自卑感强，寄希望于家长的帮助。当然，父母在子女就业时的态度对毕业生的择业心态也有重要影响。如有的父母希望子女留在身边，有的父母不愿子女到民营或个体企业就业。

## (二)主观因素

## 1. 生理状况和心理发展水平

毕业生的年龄大多在 23 岁左右，生理发育已经成熟，心理还不够成熟。就生理方面来说，由于用人单位在招聘员工时，对于应聘人员的性别、身高、健康状况等有所要求，同时职业本身的性质对从业者的生理状况也有限制。如招警考试要求应试者的视力在 1.0 以上，色盲者不宜从事需要色彩辨别的职业等。因此生理因素对就业有一定影响，从而影响到求职者的心理。

心理发展水平主要表现为个体的心理过程,包括一个人的认知、情绪情感和意志三个方面。如感知能力、记忆力、分析能力、逻辑思维能力、注意力、情绪调节能力、意志品质等。心理发展水平直接影响着个体的工作能力、工作效果,所以很受用人单位重视。一些用人单位特别是外资企业,在招聘员工时往往让应聘者做一些心理测试题,以便选拔出适应岗位要求的从业者,这也体现出心理发展水平对就业的影响。

### 2. 个性特点

个性是指一个人在其生活、实践活动中经常表来的、比较稳定的、带有一定方向性的个体心理特征的总和,指一个人区别于其他人的独特的精神面貌和心理特征。

个性贯穿着人的一生,影响着人的一生。正是人的个性中所包含的需要、动机、理想、信念、世界观、兴趣指引着人生的方向、人生的目标和人生的道路,也是人的个性特征中所包含的气质、性格、能力,影响着和决定着人生的风貌、人生的事业和人生的命运。

不同的个性特点决定了毕业生在择业时有不同的心理和行为表现,决定了择业的不同取向。如有的毕业生希望得到一份稳定的工作,有的甘愿承担一定的风险而选择自主创业,有的希望到经济发达的地区,有的甘愿到艰苦的地方,有的择业时消极自卑,有的充满自信,等等。

### 3. 知识结构

知识结构是指知识体系在求职者头脑巾的内在联系。结构决定着能力,不同的知识结构预示着能否胜任不同性质的工作。随着科学技术的发展,职业发展呈现出智能化、综合化等特点,根据职业发展特点,从业者的知识结构应该更加宽泛、合理。大学生在校学习期间,不仅要掌握本专业知识技能,而且要对相近或相关专业知识技能进行学习。宽厚的基础知识和必要技能的掌握,才能适应因社会快速发展对人才要求的不断变化。

可以说丰富的知识容量、较强的动手能力、合理的知识结构是毕业生顺利就业的关键,也是确立毕业生在求职市场是否自信的基础。所以,大学生的知识结构是影响毕业生就业的重要因素。

## 二、大学生常见的就业心理问题

### (一)就业心理矛盾

心理矛盾,是指两种或两种以上的不同欲望、动机、目标和反应同时出现而相互冲突所引起的心理紧张状态。心理冲突的主要表现为以下几种。

#### 1. 渴望竞争又害怕竞争的矛盾

大学生只有在富有挑战性的工作和学习环境中,才会勇于拼搏,乐于进取。而就业制度的改革,为大学生的择业提供了公平、公开的竞争环境。大多数学生对此渴望已久,他们已经认识到,在激烈的市场竞争条件下,如果没有强烈的竞争意识,就不可能成就一番事业。但是,当真正面对社会为其提供的竞争机会时,许多大学生又顾虑重重,缺乏勇气,有的怕竞争失败丢了面子,有的怕竞争失败伤了和气,有的认为不正之风干扰太大,竞争肯定会失败。他们把不愿参与竞争的原因归结到外界,其实,真正的原因是他们自己主观努力不够,缺乏实践的能力和勇气,尤其一些学生在择业中遇到困难时,不善于调整目标、调整自己,而是自己打"退堂鼓",拱手让出竞争的权利。

#### 2. 择业工作与继续求学的矛盾

在高校中,考研的学生逐年递增。这一方面是因为大学生已经充分认识到知识的重要性,另一方面也说明学历在择业中仍然起着举足轻重的作用。大城市对学历的限制比较严,好单位也要求高层次人才,因而,不考研就很难找到好工作。但择业与继续求学之间常存在矛盾冲突,一是时间上的矛盾,二是用人单位限制的矛盾(说明自己已考研的毕业生往往签不到单位),这两方面的矛盾解决不好,很可能既耽误了考研又延误了找工作。

### 3."鸡头"与"凤尾"的矛盾

在大学生中经常会发生做"鸡头"还是做"凤尾"的辩论,也就是到小地方做人才还是到大地方做闲人。这个问题由来已久,但至今也是见解各异。在大城市或者沿海开放城市,经济发展迅速,机遇相对较多,但这类地区人才相对饱和,如北京、上海这类城市,大学生到处都是,本科生不足为奇,因而,在这些地方工作只能做"凤尾"。相反,一些中等城市和广大农村地区,人才相对匮乏,本科生都不多见,到这样的地方工作,必然会做"鸡头"。然而,"鸡头"虽好但吃苦较多,"凤尾"虽差但很安逸,这是一个矛盾,对于许多毕业生来说,它都是一个两难选择。"鸡头"与"凤尾"的矛盾不仅表现在择业地域方面,也表现在对工作单位的选择上。

### 4. 理想与现实的矛盾

人的一生总是在不断地追求美好的未来。大学生择业中这种追求和憧憬更为强烈,更为丰富,更为远大。经过充实而丰富的大学生活,大学生知识的羽翼已渐丰满,面对汹涌的市场经济大潮,他们豪情满怀,准备搏击一番。然而,由于他们涉世尚浅,接触社会较少,理想往往脱离客观现实条件。如许多大学生都想成为企业家或大经理、大老板,走商业巨子之路。但是,在择业中他们并未考虑自己的知识、能力、性格、爱好、气质等是否适合从商,或者未真正考虑所选择的单位是否有利于自己的发展,出现了理想的自我膨胀和现实的自我萎缩之间的矛盾。

### 5. 所学专业与未来工作的矛盾

不少大学生对自己的专业看得很重,在择业中只要是专业不对口就认为不适合自己。但在现实社会中,真正完全与所学专业对口的工作是不多的,于是就产生了所学专业与未来工作的矛盾。其实,本科教育更多的是学习能力的教育,是接受新事物能力的教育,是适应环境能力的教育,因此,大学生完全不必为不能学而致用而苦恼。

### 6. 一步到位与循序渐进的矛盾

许多求职者希望一开始就找一个最理想的工作,大学毕业就想应聘大型企业的总经理助理。不愿意从基础性的工种干起,这样就会造成高不成低不就。在择业中,很多大学生都自愿根据自己的专业到祖国需要的地方去建功立业,实现自己的人生价值,不愿碌碌无为。然而,缺乏艰苦创业的心理准备,不愿到艰苦的地方去,不愿到边远的地区去,不愿深入基层。有些大学生想走捷径,幻想成才的道路平坦笔直,想涉足层次高、工作条件好的单位,想一举成名,这些都是不可取的。

### (二)就业心理误区

心理误区是指人在心理上尤其在认识上和人格上陷入无出路而不能自拔,且对此缺乏意识的心理状态。大学生在求职择业中存在诸多心理误区,常见的有以下几种。

### 1. 哪个单位待遇好就去哪里

有相当一部分求职者认为,行政、人事、大型企业这些单位待遇好,工资高。只有去这些单位,才能充分发挥自己的聪明才智。其实,这些条件较好的单位,人才济济,竞争十分激烈,落选的可能性很大。况且,这些单位里常常发生"大材小用"的情况。所以,只要有真才实学,在其他单位同样能干出一番事业来。

### 2. 自我期望过高

个人期望值过高是导致在校大学生择业难的重要原因。很多毕业生在择业前便精心构建自己的择业目标,着力描绘美好的职业蓝图。这自然无可厚非,但若不能正确认识自我,认清形势,就很有可能陷入盲目的择业状态,影响顺利就业。

造成高校毕业生就业期望值偏高的原因是多方面的,一般来说,主要有毕业生自身处于矛盾期,精英型高等教育时代传统就业观的影响和教育投资过高产生的补偿心理影响等。

大学生正处于人生心理矛盾的突出时期,不能正确、全面、客观地评价自己,对自己定位过高;同时对就业环境缺乏冷静而又认真地了解和分析,不能客观地看到社会经济结构的变化所带来的社会对人才需求的相应变化。这一偏高的择业期望值使得学生心目中的理想职业和现实情况不一致,这将在很大程度上影响毕业生的充分就业。

### 3. 强求心理平衡,产生不满足心理

大学生参加大规模的供需双方洽谈会尚属首次,他们在这种场合评价自己的价值能否得到承认的最常见的办法是互相攀比,比哪个同学选择了知名度高、效益好的单位,哪个同学去了大城市或高层次部门。这都会导致他们心理不平衡。学习稍好的学生更是如此,在选择中,攀比嫉妒,强求心理平衡,总是把比别人作为标准,"这山望着那山高,这花看着那花俏"。有的同学自己毫无主见,随波逐流,认为大多数人钟情的一定是好工作,盲目跟着大多数人走,忽视了自己的特长。结果,不从实际出发,延误了时机,丧失了最能发挥自己特长的机会。

### 4. 只重眼前利益,忽视长远发展

部分大学生在社会上"拜金主义"风气的影响下,不顾自己所学的专业,只求高薪收入。他们在择业时最关心的是用人单位的效益和待遇。这部分大学生只注重眼前利益,不考虑长远发展,其结果往往会使用人单位反感,从而被用人单位拒之门外。

### 5. 职业需求模糊

一个大学生,经过十余年的学校生活,从学校走向社会,一开始根本没有考虑到事业发展会怎么样,在找工作时一是看哪个单位的牌子大,再有就是哪个单位的地方好,三就是挑哪家单位待遇高,而没有考虑到自身的发展问题。事实上,大学生很难一毕业就明确干什么。因为大学生刚刚踏入社会,很多想法都与社会现实有相当距离。必须经历现实生活的磨炼,才能正确地看待自己、看待别人、看待社会,这时候定位才有意义和价值。

### 6. 抱怨竞争环境

毕业生就业制度的改革,为大学生择业提供了公开、公平的竞争环境,毕业生的择业有了更大的自由度和更多的选择机会。有些学生仍然抱怨竞争环境不公平,甚至认为,择业的竞争不是求职者素质的竞争,而是关系的竞争,看谁的关系硬,看谁的关系起作用。于是,这些学生不把立足点放在自身努力上,而是寻情钻眼、找关系、托门子、递条子,甚至不惜代价,重礼相送,用庸俗化的一套对待择业,自己反对不正之风,又用不正之风的一些手法对待择业,使公平、公正、公开的原则受到损害。另一部分学生则缺乏竞争的勇气,长期形成"等""靠""要"的依赖心理,在择业中遇到困难就意志消沉、一蹶不振。

### (三)就业心理障碍

心理障碍是指由心理压力和心理承受力相互作用,使人失去心理平衡的不健康心理现象或倾向。大学生求职择业标准不同、心理倾向不同,主体与客体矛盾,使求职择业目标一旦难以实现,心理将会严重失衡,从而产生心理障碍。

### 1. 自躁和自傲

自躁和自傲是由心理冲突引起的一种复杂而过度的情绪反

应。大学生在求职择业中总是担心人生价值能否实现,专业特长是否对口,用人单位可否选中,被拒聘该怎么办,选择失误怎么办,遭父母反对又怎么办等。这些焦虑,使大学生食不甘味,卧不安席,恨时光过得太慢,怨用人单位拖得太久。盼望面试一锤定音,希望签约马上搞定。自躁心理常使他们签约匆匆,后悔不迭。

自傲心理是指在求职择业中表现出来的自以为是,过高估计自己,在择业中不能摆正自己的位置的心态。这种心理存在于一些理想主义色彩较浓的大学生。他们有一些能力,但又往往过高估计了自己的力量。在择业中自以为是,瞧不起任何单位,或者是对社会一知半解,就自以为已经认识了全部,不能客观地分析社会需求及自己在这种需求中的位置,因而带有一定程度的幻想色彩,过分夸大了选择职业的自主性,强调自我而忽略了职业的社会意义。

### 2. 胆怯和自懒

胆怯是一种胆小、脆弱性格特征的心理现象。有的大学生在求职过程中,面试时,见到主考官,面红耳赤,不敢目视;回答提问时,张口结舌、语无伦次;现场演示时,"台词"忘光,拙手笨脚;直到试用考察时,仍谨小慎微,怕说错话。这种自怯心理,常见于一些女生或性格内向或抑郁质的学生。

自懒指某些大学生在求职择业中不主动去联系单位,不积极参与竞争,而是寄希望于学校、父母或朋友,坐等学校优生优荐,指望父母跑前跑后,甚至要求父母包办。这种等、靠、要的心理,常存在于某些家庭、社会条件较好的学生身上。

### 3. 自卑和恐惧

自卑是一种轻视自己或低估自己能力的心理倾向,常和消极、依赖、怯懦等心理交织在一起。其特点是缺乏自信,胆小怕事,行为畏缩,人际关系范围较小,勤于反思而敏感多疑。产生这种心理障碍的学生,自尊心较强。当看到别的同学纷纷先于自己找到满意的工作时，自尊心便受到刺激，认为社会不公平，机会不均等，愤愤不平，痛苦得不能自拔，继而更加自卑，怀疑自身的能力。为了不使自尊心受到伤害，他们会产生依赖心理，期望他人为自己择业，或替自己承担部分择业责任。这种缺乏自信的自卑心理，对人的思维活动有明显的抑制作用，往往给人留下缺乏生气，能力欠缺，适应性不好等印象，从而减少了择业成功的机会。从发展心理学的角度看，大学后期是成人心理接近成熟的时期，大多数学生自我意识趋于完善，基本可以较客观地认识自我；但还有少数同学，不能正确面对就业的紧迫感和危机感，缺乏正确评价自我、把握自我的能力。患这种心理障碍的同学，总认为"己不如人"，这就给择业的成功制造了心理障碍。

大学生在求职面试时也存在恐惧心理，表现为害怕与用人单位接触，一想到和用人单位见面，就感到恐惧。大学生之所以产生求职恐惧心理，原因各不相同：有的大学生从小到大一直生活在单纯的校园里，社会阅历不深，面临着即将跨入社会、独立生活的转折点，心理上难免有些害怕；有的对与人交往怀有恐惧心理，因而在面试时也产生恐惧感；有的同学的恐惧心理是源于求职与求学的冲突……克服恐惧心理的关键是要引导大学生正确认识自己，认识社会，充分做好踏入社会的心理准备，增强求职的自信心，敢于展现自己、推销自己。

### 4. 盲从和犹豫

盲从心理是大学生择业过程中一种常见的心理障碍，指大学生确定职业目标的基本原则是依照大多数人的选择或社会时尚。择业者由于对社会的认识和对自我的认识不足产生的一种"随大流"的盲从心理。

犹豫是指大学生在求职面试过程中缺乏主见、犹豫不决、顾虑重重的心理状态，是大学生心理品质中的意志品质缺乏果断性的一种表现。在求职时，大学生应该慎重行事，反复斟酌，以保证决策的科学性。但有的同学过于谨慎、瞻前顾后、优柔寡断，四处征求意见,结果还是难以决定。有的同学即使做出决定也是心绪不宁,人家一说好,就沾沾自喜;一说不好,就马上后悔不已,丝毫没有自己的主见。

5. 嫉妒

嫉妒,是对他人的成就、名望、特长或者优越地位的一种既羡慕又敌视的情感,而这种情感的内化就是嫉妒心,它是一种属于情感范畴的狭隘心理。嫉妒心理有两个明显的特征,一是指向性,即指向比自己能干和幸运的人;二是发泄性,绝大多数的嫉妒都伴有发泄行为,如讥讽、诽谤、造谣中伤甚至陷害。择业中的嫉妒心理,就是看到别人某些方面超过了自己,于是变得眼红和不甘心,并为此产生恼怒别人的情感。有嫉妒心的大学生,往往存在着一些共同的特征:自私、心胸狭窄、虚荣心强等。从大学生择业中表现出来的嫉妒现象来看,嫉妒者和被嫉妒者,通常是专业相近,才能相近,空间相近,兴趣相近或是性别相同等。在择业中,由于嫉妒,会疏远自己与他人的关系,使朋友远离,人际关系冷漠,从而使自己处于孤立的状态,并导致内心的矛盾与痛苦。

## 第三节　应对大学生常见就业心理问题的策略

### 一、培养大学生良好的就业心理

（一）构建并完善职业所需要的知识结构

机遇只垂青于有准备的人,一个人的知识结构如何,将决定他在求职择业时的自由度和取得职业岗位的层次。求职择业的准备不仅表现在毕业阶段,更重要的是学习阶段要努力构建并完善职业所需的知识结构。它包含两个方面:一是指根据未来将要从事的职业应有的准备;二是指求职择业过程中本身所应有的知识技能准备。求职者应具有合理的知识结构,不存在一个固定的、普遍适用的模式，它要求求职择业者根据本身的情况和将选择的工作方向去主动调适自己，缺什么补什么。

（二）树立正确的择业意识

树立正确的择业意识，具体要做到以下几步。

1. 了解市场需求，顺应当前社会发展的潮流

随着改革开放的深入发展，社会对人才的需求在不断地发生变化。就业的行业、地域、职位等时尚热点也在随之不断变化。根据用人单位对人才的不同需求，不同层次的大学毕业生应根据自己的实际情况，选定自己的择业方向。那些竞争力强、综合素质较高适应性较广、心态良好、勇于开拓进取的毕业生可以到高效益行业、发达地区、热门职位去应聘；那些具有一定的专业知识和技能、适应性不强、综合素质一般的毕业生则要相对降低期望值，克服行业偏见，必要时要敢于漂泊异乡去追梦，屈就于同学或亲友门下以求发展。总之，毕业生究竟走哪条路与用人单位的不同需求和毕业生自身的特点息息相关。

2. 客观公正地评价自己

大学生们接受的是系统的专业教育，并接受过一定的正规培训，综合素质较高，接受新生事物的能力也较强。所以，一般的用人单位都希望接收具有大学文化水平和一定专业知识的人才。但是，大学生也应看到自身存在的一些不足之处，如社会经验不足、不了解企业的工作规律、把文凭和学业成绩看得太重、目空一切等。这些不足常令人叹而止步，结果使大学毕业生失去了许多就业的良机。所以，大学毕业生在择业时，要从自己的实际出发，客观地分析评估自己的文化素质、业务技能、性别特点、身体条件以及各类职业固有的标准、条件、要求等。要找准自己的位置，实事求是地选择自己力所能及的职业，并且所选择的职业有利于自身潜能的发挥和事业的发展。同时还要准确把握能力、学历与经

历三者之间的契合度。能力、学历、经历这三者在职业的发展道路上是相辅相成不可分割的。学历常被人们视为进入职场的敲门砖,没有一个合适的学历,个人能力也就不会被他人所发现。而没有足够的能力和相应的工作经历,即使有再高的学历最终仍逃不掉被社会淘汰的命运。因此,必须在能力、学历与经历之间找到一个最好的结合点,避免三者之间出现较大的偏差。若三者之间存在较大的差距,则所选择的职业含金量就会降低。因此,掌握好职业经历、能力与学历之间的契合度是择业成功的关键。

### 3. 突破传统择业观念

长期以来,专业对口、学以致用是求职就业中的重要原则,但随着市场经济的不断发展,社会上出现了许多新行业和新多学科交叉行业,从而迫切需要大批复合型人才。而随着知识经济时代的到来,又需要人们终身学习,不断更新知识结构,即使大学毕业后也还要继续学习,否则就不能适应时代的发展和社会的需求。因此,在校大学生不能仅限于专业学习,即应在学好专业知识的基础上,辅修其他专业的知识。在求职就业时不能一味要求所学专业与从事工作完全对口,不能要求一职定终身,而应自觉扩大自己的就业范围,在考虑自己专业特长的同时,将自己的适应能力和继续学习的因素都考虑进去。

### 4. 敢于竞争,不怕挫折

大学生就业制度的改革,为毕业生和用人单位提供了"双向选择"的机会,充分体现了竞争机制。在这种背景下,每个大学生都要树立竞争意识,敢于从实际出发,充分考虑自身的专业、性格、气质,扬长避短,发挥特长,力求在竞争中立于不败之地。然而,有竞争就有失败,面对失败,大学生要调节好心态,不怕挫折,要认真分析失败的原因:是主观努力不够还是客观要求太高;是客观条件苛刻;还是主观条件不具备。只有经过认真分析,才能做到心中有数,从而保持健康心态,积极面对竞争。

（三）提高就业心理素质

提高就业心理素质，具体应从以下几点入手。

1. 实施职业生涯规划

大学生职业生涯规划是指将个人发展和社会发展相联系，对影响职业生涯的因素进行分析、总结，并确定实施方案。职业生涯规划可以激发大学生自身内部的动力，促使他们不断地完善自己。一个成功的职业生涯规划不仅需要大学生通过自我反省、社会比较、心理测评等方式对自己的性格特点、兴趣特长等有清楚的了解，还需要对社会现实及发展趋势有清晰的认识，这可以帮助大学生重新审视自己，结合社会实际，给自己一个合理的定位。

2. 接受心理健康教育，及时调节情绪状态

针对毕业生普遍表现出来的心理问题，高校心理健康教育机构可利用报纸、网络、广播等形式介绍一般知识，以缓解他们的负性情绪，提升其综合素质；针对个别因就业压力过大引起的严重心理问题，要及时开展个体心理咨询，对其进行系统的指导。同时心理健康机构还应为大学生就业提供心理学的帮助，使他们正确地认识自我、发展自我，提高毕业生的职业成熟度和心理抗挫能力。

3. 多参加社会实践活动

大学生与社会的脱节会造成他们不清楚自身和社会需要的高素质人才之间还有些差距，在校园内不能有针对性地锻炼培养自己。积极在大学生中开展社会实践活动，为他们接触社会、了解社会创造条件、提供舞台，使他们对国情、民情、社情有清晰的了解，从而发挥他们的主观能动性，缩小他们的认识与社会需求之间的差距，在实践中提高自身的心理素质。

### 4. 要培养积极主动的就业意向

大学生要使自己跟上经济社会的发展形势,使自己有广泛的适应职业的能力,就要培养积极主动的就业意向,经常了解专业的发展趋势、信息、前景、培养目标及使用方向,不断汲取新的专业知识,不断修正就业意向。

### (四)培养良好的职业理想与职业道德

职业理想是指人们在一定的世界观、人生观和价值观的指导下,对其未来所从事的职业及事业上获取成就的追求和向往。它是人们特有的对自己职业生活的规划,是以客观发展的可能性来展示明天的现实。它同奋斗目标相联系,是人们对未来美好现实的向往和追求。良好的职业理想应体现在两个方面:一是要能造福人类;二是要实现人与职业的合理匹配,如人的生理、心理特点不同,适应的职业范围也不同。

职业道德是从事一定职业的人们在其特定的工作或劳动中的行为规范的总和。职业道德对于协调个人、集体与社会关系,规范职业行为,提高社会文明程度具有重要意义。社会主义职业道德的主要规范是有以下几点:

(1)忠于职业,热爱本职。

(2)对人民极端热忱,努力满足社会和人民的需要,树立"主人翁意识"和"为人民服务的意识"。这是我们职业道德的精髓。

(3)刻苦钻研技术,对技术精益求精。

(4)各业协作,同行相亲。

(5)努力实践,严格遵守职业规范。职业规范包括经济的、行政管理的、业务技术的,也包括道德等方面的行为规定,通常表现为必要的规章制度和程序等。

### (五)做好择业前的具体准备工作

充分的准备是事情成功的前提,就业也是如此。大学生在择业前应首先作好几下几方面的工作。

### 1. 广泛收集和把握求职就业信息

在大学毕业生求职就业的过程中，就业信息起着十分重要的作用。谁能及时获取信息，谁就掌握了求职择业的主动权，谁获取的就业信息量大，谁择业成功的机会就多。

在求职择业的过程中，社会上许多不法分子为了牟取暴利，设置一些陷阱和圈套。大学毕业生涉世不深，社会经验缺乏，辨别真伪信息的能力较弱。因此，在收集就业信息后，不要匆忙行动，要保持冷静的头脑和锐利的目光，警惕求职就业中的陷阱，谨防上当受骗。

### 2. 精心准备求职材料

大学毕业生要想尽快实现就业的愿望，就必须利用各种途径和方法来宣传自己，展示自己。让用人单位充分地了解自己，选择自己。而求职材料是大学毕业生自我推销的重要工具。求职材料主要包括：个人简历、求职信、推荐信。

### 3. 做好面试的准备

在择业过程中，用人单位常通过面试来决定是否录用应聘者。面试不仅能考核一个人的综合能力，还可以使招聘者通过观察，了解应聘者是否具备从事某种工作的能力。面试是大学生择业的一个重要环节，应当予以充分重视。

## 二、大学生就业心理的调适策略

心理调适就是运用心理学原理和方法，促使自己的心理和行为积极变化的过程。它能帮助大学生在求职择业过程中遇到困难、挫折和失败时，及时解除心理冲突，迅速消除心理误区，有效排除心理障碍，从而能保持积极的心态面对求职择业。心理调适主要有以下几种方法。

（一）适当调整就业的期望值

就业市场化、自主择业给大学生带来了机遇与实惠,但一部分大学生对就业市场残酷的一面认识不足,对就业市场的客观实际了解不够。经过对就业市场、就业形势的客观了解与深刻体验后,大学生必须面对现实、接受现实,不能怨天尤人。同时大学生要适当调整就业期望值,对事情的期望值不要太高,因为事情的结果往往和预想有一定差距,要做好最坏的思想准备,又要向最好的方向积极努力,在职业生涯规划和职业发展观念上确定自己正确的人生轨迹,要树立长远的职业发展观念,放弃过去那种择业就是"一次到位",要求绝对安稳的观念。在择业时要看得长远一些,学会规划自己整个人生的职业生涯。在当前大学生学历、素质还有待于提高的前提下,获得一个十分理想职业的时机还不成熟,应采取"先就业,后择业,再创业"的办法。先选择一个职业,在工作中不断提高自己的社会生存能力、增加实践经验,然后再凭借自己的努力,通过正当的职业流动,来逐步实现自我价值。许多大学生不愿意去经济落后的地区工作,可是随着国家政策的倾斜和贫困地区的发展以及西部大开发的进行,这些地区将成为经济发展的热点,也将给大学生们提供更多的发展机会,因此抢先到这些地区工作可能更有利于自己的职业发展,取得事业的成功。

（二）建立合理的职业价值观

对于新时期的大学生而言,职业的意义已不再局限于生存的需要,它的内涵和外延是丰富的,要充分认识到职业对个体发展、社会进步所起到的重要作用。基于此,大学生在选择职业时,不能只将目光停留在工作条件、工作地点、经济收入等方面,更要考虑职业对一生发展的影响与作用,应看重职业是否有助于实现自我价值。所以,要在考察社会需要的基础上,树立重视自我职业发展、才能发挥、事业成功的职业价值观。对于那些虽然现在工作条件较差，但发展空间大，能充分发挥作用的单位要优先考虑；对于那些现在经济发展水平不太高，但发展潜力大，创业机会多的工作地点也要重视。大学生要建立适合自己发展需要的、合理的职业价值观，实现正确择业。

（三）主动寻找就业机遇

目前，我国尚处于社会主义初级阶段，社会生产力水平总体上较低，物质和文化生活还不丰富，社会提供就业岗位十分有限，人才供求矛盾相当突出，市场经济体制尚在建立与健全之中。大学生在择业时要多参加招聘会，主动寻找机遇，并根据已确定的择业标准进行选择。判定一份工作的好坏不能仅仅看工作待遇，还要看它适不适合自己，不能一看到别人找到了一份工作自己也去投同样的岗位，要时时记住，只有适合自己的才是最好的。还要注意机遇的时效性，在发现就业机会时要主动出击，及时把握，不能犹豫，也不要害怕失败，应有敢试敢闯的精神。

（四）坦然面对就业挫折，树立择业信心

求职过程是一个竞争的过程，有竞争就会有失败。当前，由于受多种因素的影响，毕业生的就业理想与现实常会出现一定的差距，所以，普通大学生在求职择业过程中遭受一些挫折是在所难免的。作为一名新时代的大学生，应该对自己和就业形势有清醒的认识，预想到可能出现的障碍和挫折，不怕失败，及时总结经验和教训，越挫越勇，直到择业成功。

自信是大学生成才的基础，也是择业成功的前提。过低地估计自己，遇事畏首畏尾，悲观消极不敢竞争，就不可能取得择业成功。毕业生应该清醒地认识到，大学生毕竟是我们国家中受过高等教育的专门人才，经过四五年的学习也基本上掌握了相关的知识和技能，因而对择业应该充满信心，敢于参加竞争。但在现实生活中，有些毕业生在择业时缺乏自信，不敢竞争。要知道现代社会处处存在竞争，竞争是无情的优胜劣汰。没有自信这一点就注定他与成功永远无缘,自卑与退缩足以毁掉一个人。因此畏惧尝试的人,机会只能一个一个地从他手中溜走。实践证明相信自己,敢于竞争往往是成功的开始。只要平时多练点真功,只要相信自己,抓住每一个机遇,勇于竞争,成功才会属于自己,而把烦恼抛在后面。

(五)全面辩证地看待社会风气,保持客观的心态

社会上一些不正之风不可避免地影响到高校毕业生的择业就业,每年总有一些毕业生靠拉关系、走后门而找到理想的工作。但这毕竟是少数。广大毕业生对此应有一个全面的分析和正确的认识。否认拉关系、走后门的现象不是实事求是的态度,但过分夸大这些不正之风的作用,对择业就业也是没有好处的。因为它一方面容易使人把希望寄托在找门路上,而不是把着眼点放在提高自身素质上,另一方面容易使人丧失信心,不敢凭本事竞争。实质上,任何社会、任何时候,社会风气绝对纯净是不可能的,但随着社会的进步,不正之风的市场越来越小了。

就现阶段毕业生择业来讲,不正之风影响正在缩小。这是由于:其一,毕业生就业制度、政策、法规逐步完善,可钻的政策"空子"少了;其二,党和政府大力加强反腐倡廉,加强民主监督,公开办事程序,以权谋私的可能性小了;其三,各级国家机关、各类企事业单位都在实行改革,"吃大锅饭"的时代已经过去了,用人单位不得不讲究人才的质量。在这样的大趋势下,即使有少数人能通过不正当途径找到好单位、好工作,但随着改革的深化,无德无才者迟早会被拉下马来。所以,广大毕业生应该以提高自身素质为重,积极参与竞争,而不是悲观消极,怨天尤人。

(六)主动寻求各方的帮助

**1. 主动寻求师长的帮助**

一个人的视野、思维、控制能力是有限的,对自我的审视也带

有主观色彩,一旦出现心理失调的情况,单靠个人的力量和智慧不一定能全部解决,这时获得他人的帮助和指导是十分必要的,主动找师长求教就是一条有效的途径。

在遇到挫折和问题时,青年学生往往在同龄人中寻找帮助,虽能从他们那里获得同情和理解,但由于同龄人都缺乏深刻的社会生活经验和工作经历,主观认识多于实际感受,如遇到挫折失败,很难针对择业中出现的问题较快地从中全面分析,找出原因,提出切实可行的解决办法。所以,主动找师长谈心是弥补这些不足的有效方法。首先,师长对大学生有较强的责任心,如果大学生主动求教,他们会尽心尽力地提供帮助;其次,师长对社会生活、社会现状有较深的体验,提出的建议或意见较为可行;最后,师长都有一定的工作经历,对各种工作的要求、特点有一定程度的了解,对求职者的情况也比较熟悉,能让求职者扬长避短,选择更能发挥自己长处的岗位。总之,大学生择业时,往往忽略主动向师长求教,应该注意弥补。因此,大学生择业过程中要多倾听师长的意见,仔细分析、选择,从而弥补自身工作经验的缺乏、社会生活阅历浅的不足,实事求是地选择适合自己的工作并积极地努力争取。

### 2. 主动寻求家长的帮助

亲情是人生感情体验的第一个环境,人从生下来直至上大学,都需要亲情,特别是来自于父母亲情的关爱和鼓励。亲情是一副抚平创伤的灵丹妙药,也是一种使人奋发向上的强大的精神力量。有父母的挚爱和呵护,才有面对生活的信心和在世界上奋斗的勇气,有亲人的理解、安慰和鼓励,才有继续拼搏的信心。

希望子女有朝一日出类拔萃,是众多父母的共同愿望,所谓"望子成龙"是许多父母把期望变成了严重的压力,而这种压力在孩子择业时尤其强大。为缓解这部分压力,学生在择业前应主动与父母开诚布公地谈一谈,使父母对自己的学识与能力有一个客观的评价,不抱超越自己条件的希望;把了解到的择业信息与父母一起分析,在择业标准上力争与父母达成基本一致,得到他们的理解和支持;即使遭受挫折,也要如实相告,求得父母的谅解和帮助,正确面对现实。来自亲情的归属感、安全感和对生活目标的不懈追寻,是大学生择业时应付紧张和压力有效的心理储备。

3. 主动寻求心理专家的辅导

在进行择业时可以寻求心理专家的辅导,提高就业能力。人的心理出现矛盾,特别是出现较大的心理负担之后,内心冲突激烈,自我调节难以奏效时,应当主动地寻求外来帮助。通过他们的帮助可以使毕业生更加客观正确地认识自我,进行心理训练,提高择业求职的技能技巧,消除择业挫折带来的焦虑、烦恼、抑郁等不良心理。心理咨询作为一种教育服务形式,在高校发展迅速,深受大学生的欢迎和喜爱,它担负着培养大学生良好心理素质,解决心理矛盾,预防心理疾病,提高心理健康水平,促进大学生人格完善的根本任务。同时对毕业生择业心态的调适,更是起到主导和指引的作用。

# 参考文献

[1]李中国,马晓春.大学生心理健康教育与心理调适[M].北京：北京师范大学出版社,2016.

[2]杜本友,等.视障学生社会适应能力训练的策略与实施[M].北京：中国轻工业出版社,2015.

[3]王金云,等.大学生心理健康教育与训练[M].北京：电子工业出版社,2015.

[4]刘卫锋.大学生心理健康教育与素质拓展训练教程[M].南京：南京大学出版社,2015.

[5]熊建圩,等.大学生心理健康教育[M].北京：北京理工大学出版社,2015.

[6]马春生.大学生心理健康教育[M].杭州：浙江大学出版社,2015.

[7]刘霞非,刘彦.大学生心理健康教育[M].镇江：江苏大学出版社,2015.

[8]赵希文.大学生学习方法导论[M].杭州：浙江大学出版社,2015.

[9]杨素华,孙新红.大学生积极心理培养[M].济南：山东人民出版社,2014.

[10]卞西春,李淑娜.大学生心理健康教育[M].济南：山东人民出版社,2014.

[11]陈红英.新编大学生心理健康教程[M].武汉：武汉大学出版社,2014.

[12]张仲兵,等.大学生心理健康教育与素质训练[M].北京：高等教育出版社,2014.

[13]齐力.大学生心理健康教育[M].北京:知识产权出版社,2014.

[14]孙慧金,冯丽霞.心理健康与保健[M].北京:清华大学出版社,2013.

[15]李葵.大学生心理健康教育[M].广州:世界图书广东出版公司,2013.

[16]熊英.大学生心理健康教育与训练[M].北京:高等教育出版社,2012.

[17]林清香.大学生心理健康教育[M].北京:清华大学出版社,2013.

[18]丁璇.大学生入学教育[M].北京:国防工业出版社,2013.

[19]梅宪宾.大学生心理健康教育[M].长春:吉林大学出版社,2011.

[20]欧晓霞,曲振国.大学生心理健康[M].北京:清华大学出版社,2006.

[21]宋焕斌.大学生心理健康与训练[M].北京:中国石化出版社,2012.

[22]韩延明.大学生心理健康教育[M].上海:华东师范大学出版社,2007.

[23]乔玲,王学.心理健康[M].天津:天津大学出版社,2011.

[24]孙庆民.大学生健康教育[M].北京:电子科技大学出版社,2009.

[25]许德宽,朱俊梅.大学生心理健康教育[M].北京:清华大学出版社,2009.

[26]黄希庭.大学生心理健康教育[M].上海:华东师范大学出版社,2004.

[27]邱鸿钟.大学生心理健康教育[M].广州:广东高等教育出版社,2004.

[28]黄希庭,郑涌.大学生心理健康与咨询[M].北京:高等教育出版社,2000.

[29]李汉华.大学生心理健康教育[M].北京:北京理工大学出版社,2011.

[30]季堪楼.给当代大学生的55条真诚建议[M].西安:西安交通大学出版社,2011.

[31]段鑫星,赵玲.大学生心理健康教育(第2版)[M].北京:科学出版社,2008.

[32]韦洪涛,艾振刚.学习心理学[M].镇江:江苏人民出版社,2004.

[33]夏小林,等.大学生心理健康[M].杭州:浙江大学出版社,2011.

[34]张满堂,褚远辉.大学生心理健康教程[M].昆明:云南大学出版社,2004.

[35]王哲,贾楠.现代大学生心理健康教育[M].北京:机械工业出版社,2012.

[36]何昭红.大学生心理健康行为训练[M].北京:高等教育出版社,2013.

[37]季辉,赖芳.大学生恋爱与婚姻[M].天津:天津大学出版社,2012.

[38]吴汉德.大学生心理健康[M].南京:东南大学出版社,2003.

[39]姚锡远,王金云.当代大学生心理健康教育[M].郑州:河南大学出版社,2000.

[40]李中国,李树军.大学生心理健康教育与心理调适[M].北京:北京师范大学出版社,2016.